DALE CARNEGIE ESSENCE

인생의 오후에는
적보다 친구가
필요하다

인생의 오후에는 적보다 친구가 필요하다

데일 카네기 에센스

DALE CARNEGIE ESSENCE

김범준 지음

21세기북스

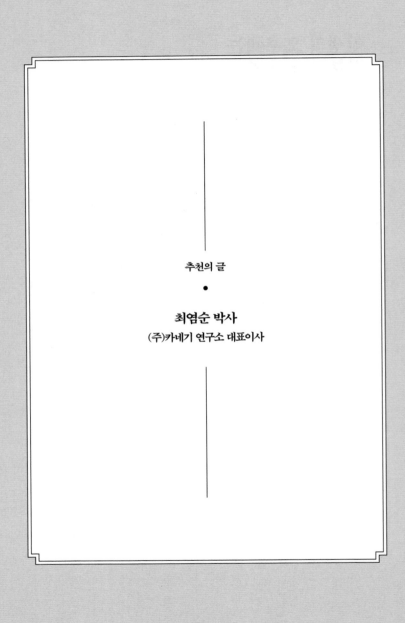

추천의 글

•

최염순 박사
(주)카네기 연구소 대표이사

"일과 사람 중 어느 쪽이 더 어렵습니까?"라고 물으면 당신은 어떻게 대답하겠는가. 많은 이들이 '사람'이 훨씬 힘들다고 답한다. 대부분의 사람들은 커리어를 위해 전문적인 지식과 기술을 습득하는 데 많은 노력을 기울이지만, 상대적으로 인간관계를 위해서는 특별히 노력을 하거나 훈련을 받지 않기 때문이다. 평안한 인생의 오후를 맞이하기 위해서는 사람에 대해 배우고 훈련해야 한다. 즉, 적보다는 친구를 만드는 인간관계 스킬을 익혀야 한다. 이 책은 김범준 작가가 엄선한 데일 카네기의 말과 사유를 담아내었다. 김범준 작가의 이야기는 친절하되 깊이가 있다. 그의 설명을 따라 데일 카네기 《인간관계론》, 《스트레스론》의 원칙들을 실천하다 보면 다가올 당신의 인생 후반을 더욱 풍요롭게 채워갈 수 있을 것이다.

사람이 제일 어려울 때,
데일 카네기를 만나다

데일 카네기(Dale Carnegie)는 1888년 11월 미국 미주리주의 메리빌에서 태어났습니다. 워런스버그 주립사범대학을 졸업한 후 교사, 세일즈맨 등으로 사회생활을 했으나 수많은 실패를 경험합니다. 스스로를 두고 "1909년, 뉴욕에서 가장 불행한 청년"이라고 말했던 그는 결국 그 실패의 경험을 성공의 기회로 삼게 됩니다. 인간관계에 대한 자신만의 화두를 발견한 것이었습니다. 데일 카네기는 경험을 토대로 1912년 뉴욕 YMCA에서 성인을 상대로 하는 스피치 강좌를 개설하면서 이름을 알리게 됩니다.

처음에 그는 화술에 관한 강의만을 진행했습니다. 성인을 대상으로 했는데 그들이 비즈니스 인터뷰를 할 때나 청중 앞에서 연설해야 할 때 생각을 보다 더 명확하게 표현하도록 도와주는 훈련이었습니다. 시간이 지나면서 그는 성인들이 스피치를 훈련하는 것처럼 매일 직장과 사회생활에서 만나는 사람들과 잘 지내는 훈련도 필요하다는 것을 깨닫고 자신의 강좌에 인간관계에 관한 기술도 포함시킵니다. 이후 데일 카네기는 고민을 해결하고 인생을 즐길 수 있는 다양한 훈련 강좌를 진행합니다.

데일 카네기는 강좌를 진행하면서 축적한 스피치와 인간관계를 개선하기 위한 실질적인 기술을 15년여의 임상을 거친 끝에 한 권의 책으로 만듭니다. 1936년에 인간관계 원리를 주제로 출간된 책 《카네기 인간관계론(How To Win Friends And Influence People)》으로 이 책은 세계적으로 6천만 부나 판매됩니다. 이후 사람들의 불안과 걱정을 다룬 《카네기 스트레스론(How To Stop Worrying and Start Living)》 등 다수의 저서가 발간됩니다.

데일 카네기가 쓴 책은 내용이나 형식이 친근합니다. 평범하고 또 쉽습니다. 누군가는 그의 책을 두고 "뻔한 말 아니야?"라며 평가절하할지도 모르겠습니다. 하지만 데일 카네기의 위대함이 바로 여기에 있습니다. 그의 자기 계발 철학이 지닌 최고의 장점은 단순, 명료였던 겁니다. 단순하지만 결국 삶의 진리가 되는 솔루션을 다양한 경험과 사례를 통해 제시하며 관계에 어려움을 겪는 우리가 수많은 문제를 해결할 수 있도록 도와줍니다.

데일 카네기의 책과 교육과정은 데일 카네기 연구소를 통해 전 세계의 많은 사람에게 도움을 주고 있습니다. 성공의 기본을 이야기하고, 개인의 비전을 설정하도록 도와주며, 긍정적 태도와 열정을 개발합니다. 인간관계에 필요한 실행 원칙을 세우고, 리더십 및 설득력을 향상하고 문제 해결 능력 등을 훈련시킵니다. 이를 통해 우호적인 인간관계를 형성하고, 자발적인 협력을 유도하며, 임팩트 있는 커뮤니케이션 능력과 긍정적인 마인드를 체화할 수 있습니다.

저는 데일 카네기를 통해 우리가 얻을 수 있는 것은 '사람이 제일 어려울 때 그 어려움을 받아들이고 극복하는 방법을 획득하는 것'이라고 말하고 싶습니다. 사실 제가 그랬습니다. 10년 전 '사람이 제일 어려울 때'가 있었습니다. 직장에서는 인정받지 못했고, 사회적으로도 돌파구가 보이지 않았습니다. 하는 일마다 되지 않는 날이 거듭되었고 좌절과 불안 그리고 걱정만이 가득했습니다.

사람과 풀어야 하는데 어렵다고 피하게 되니 인간관계는 엉망이 되었습니다.

우연히, 어쩌면 필연적으로 카네기 연구소 대표이사 최염순 박사님이 쓰신 데일 카네기의 저서를 읽게 되었습니다. 아무 생각 없이 찾은 광화문의 한 대형 서점에서 《카네기 인간관계론》을 손에 쥔 것이 저에게는 행운으로 다가온 겁니다. 일은 힘들지 않았으나 사람이 힘들었던 당시의 저는, 한마디로 '사람이 싫다'는 마음으로 가득 차 있었습니다. 그런데 데일 카네기는 사람을 싫어하지 말라고, 사람은 평가의 대상이 아니라 사랑의 대상이라고 말하고 있었습니다.

그때 저는 첫 책을 준비하고 있었습니다. 고만고만한 자기 계발서 중에서 데일 카네기의 책은 마치 클래식과 같은 위치에 있었기에 당연히 열심히 참조했고 또 책에도 상당수 녹여낸 기억이 납니다. 승진에 실패해 누군가에게 손가락질을 받는 것만 같은 망상에 시달릴 때 데일 카네기는 "아무 것도 아닌 일에 고민하는 어리석음을 피하라!"라고 따뜻하게 조언을 해주었고 저는 격한 감정을 조금씩, 하지만 근본적으로 다스리면서 첫 책을 발간하게 되었습니다. 멋진 경험이었습니다.

데일 카네기와 만난 지도 10년의 시간이 흘렀습니다. 세상에 휩쓸리며 돈벌이의 고단함에 이리저리 흔들리느라 2024년의 저는 다시 '사람이 제일 어려운 때'와 마주하게 되었습니다. 데일 카네기의 책을 다시금 꺼내어 읽었습니다. 거기에 더해 카네기 연구소의 '데일 카네기 코스'에 도전했습니다. 책만큼이나 훌륭한 과정, 그리고 과정보다 더 멋진 사람들을 만나게 되었고 데일 카네기의 사상에 대해 정리해 보는 시간을 갖게 되었습니다.

예전에는 데일 카네기의 책과 교육과정은 세상의 을(乙), 약자, 힘든 사람이 읽고 배워야 하는 것이라고 생각했던 것 같습니다. 하지만 차분하게 데일 카네기의 글을 읽으며, 훈련을 받으면서 세상의 어려움에 숨죽이고 허덕이는 사람들만이 아니라 세상의 갑(甲), 강자, 잘나가는 사람도 습득하고 실행해야 하는 것이라는 것을 알게 되었습니다. 물론 힘든 상황을 극복하는 데도 도움이 됩니다만 그보다는 지금 뭔가 있는 거 같고, 지금 뭔가 해볼 만하고, 지금 어떤 것도 두렵지 않을 때 잠시 멈추며 자신을 되돌아보는 것에 큰 도움이 됩니다.

다만 데일 카네기의 훈련 과정을 시간적, 공간적 제약으로 인해 당장 참여하지 못하는 분들을 위해, 데일 카네기의 저서를 읽고 정리하는 것에 어려움을 겪는 분들을 위해 10년 이상 서른여 권의 커뮤니케이션(말투) 스킬, 인간관계 개선 등의 자기 계발 관련 도서를 출간한 바 있는 제가 데일 카네기의 책과 훈련 과정을 토대로 최우선적으로 읽고 또 실생활에 적용할 만한 내용을 정리하고자 했습니다. 사람이 어려울 때, 관계가 이상해졌을 때, 사회 속에서 혼자만 멈춰진 느낌을 받았을 때 필요한 데일 카네기만의 인간관계 이론을 깔끔하게 재정리한 것이 이 책입니다.

'데일 카네기 코스'는 성공에 이르기 위한 다섯 가지의 요인으로 자신감, 원만한 인간관계 형성, 커뮤니케이션 능력, 리더십 개발 그리고 스트레스의 극복 및 태도 개선을 선언합니다. 이 책을 통해 단순하면서도 명료한 데일 카네기 특유의 인간관계 이론 그리고 현실을 배우는 데 도움이 되기를 기대해 봅니다. 공부한다고 생각하지 말고 여행한다고 여기면서 즐거운 책읽기가 되기를, 그렇게 더 나은 성장의 계기가 되기를 간절히 기원합니다.

마지막으로 제 인생의 첫 데일 카네기를 만나게 해주시고 저의 졸저에 추천사를 기꺼이 보내주신 카네기 연구소 대표이사 최염순 박사님, 데일 카네기 코스(DCC: Dale Carneige Course) 498기에 변화와 성장이 필요한 저를 초대해 주시고 "데일 카네기 코스는 교육이 아니라 여행이니 즐겨라!"라며 추천해 주신 서울 카네기 연구소 강환영 소장님, "데일 카네기 코스를 통해 우리가 배워야 할 것은 남을 바꾸려 들기보다 내가 먼저 다가서는 것이다!"라며 격려해 주셨던 서울 카네기 연구소 이상목 실장님 그리고 함께 울고 웃으며 데일 카네기 코스의 전 과정을 함께했던 김명우 리더님, 김민준 리더님, 김재훈 리더님, 문순란 리더님, 박계현 리더님, 박영조 리더님, 박은영 리더님, 손종한 리더님, 유백선 리더님, 유승현 리더님, 이승현 리더님, 임동환 리더님, 조현아 리더님, 화혜원 리더님, 권순범 코치님, 김신예 코치님, 신연선 코치님 등 데일 카네기 코스 498기 참여자 모든 분께 진심을 담아 감사의 말씀을 올립니다. 고맙습니다.

2024년의 봄
김범준

| 1장

사람이 어려울 때
반드시 알아야 할
인간관계의 비밀

2장

**늘 불안한
완벽주의자에게 보내는
데일 카네기의 조언**

3장

**나를 잃지 않고
내 모습대로
사는 법**

1장

사람이 어려울 때
반드시 알아야 할
인간관계의 비밀

•

나는 이 길을 단 한 번만 지나갈 수 있을 뿐이다.
그러므로 다른 사람에게 좋은 일을 할 수 있거나
친절을 베풀 수 있다면 지금 바로 행해야 한다.
이 길을 다시는 지나가지 못할 것이기에 지체하거나 게을리하지 않겠다.

소크라테스가
발견한
인간관계의
위대한 수칙

왜 우리는 사람이 어려울까요. 나와 다른 사람, 즉 타자(他者) 혹은 타인이기 때문일 겁니다. 나와 다른 사람이란 어떤 사람일까요. 나와 다른 규칙으로 살아가는 사람입니다. 그들은 자신만의 경험으로 살아왔기에 그리고 그 과정에서 일상을 누리는 자신만의 규칙이 있었기에 우리의 생각과 다를 수밖에 없습니다.

타자, 즉 나와 다른 규칙으로 살아온 사람들과 공존해야 한다는 것이 우리가 사람이 어려운 이유입니다. 사사건건 다르기에 늘 다툼이 일어납니다. 말 한마디, 행동 하나도 마음에 들지 않고, 결국 갈등이 일어납니다. 어떻게 해야 할까요. 데일 카네기는 고대의 철학자 소크라테스에게서 나와 다른 사람과 잘 살아가기 위한 최고의 방법을 찾아냅니다.

데일 카네기는 이를 'The Secret of Socrates(인간관계를 위한 소크라테스의 비밀)'이라고 말하기까지 합니다. '비밀'이라고 말하는 방법이란 과연 무엇일까요. 이것입니다.

Get the other person saying "yes, yes" immediately.
당신의 말에, 상대방이 즉시 "네, 네"라고 말하게 하라.

상대방의 입에서 "아니요"라는 반응이 나오는 순간 인간관계의 파탄은 시작된다

모르는 사람과 이야기를 시작합니다. 이때 우리의 대화는 무엇으로 시작해야 할까요. 데일 카네기는 말합니다. 설령 상대방과 의견이 다른 문제에 대해 논의하더라도 시작만큼은 그 다른 의견부터 말하지 말라는 것입니다. 그는 처음 대화를 시작할 때는 무조건 상대방으로부터 긍정적인 반응을 얻어내야 한다고 말합니다.

　나와 다른 의견을 지닌 상대방에 동의하는 것에서 말을 시작하되, 이왕이면 계속 그것을 강조해야 합니다. 다름을 이야기할 때조차 가능하면 상대방과 내가 같은 '목표'를 향해 가고 있다고 이야기해야 하고, 다만 방법이 다소 다르다고 말해야 합니다. 이를 위해 우리가 그 무엇보다도 먼저 해야 할 것은? 그렇습니다. 상대방이 우리의 말에 처음부터 "네!"라고 대답하게 하는 것입니다.

　상대방의 입에서 "아니요"라는 반응이 나오는 순간 우리의 대화는, 인간관계는 어려워집니다. 내 말에 상대방이 "아니요"라고 하는 순간 우리는 상대방에게 그 "아니요"를 계속 고집하게 만드는 것이나 다름없습니다. 일단 "아니요"라고 말한 상대방은 그 말을 지키기 위해, 즉 자존심 때문에라도 그 말을 계속 고집할 수밖에 없는 겁니다.

그 어떤 어려움이 있는 문제라도 대화를 시작할 때는 무조건 상대방이 "네"라고 답할 수 있게 흐름을 이끌어야 합니다. 그 이유는 우리의 대화가 당구공의 움직임과 같기 때문입니다. 당구공을 어느 한 방향으로 친다고 해볼까요. 구르는 공의 방향을 조금이라도 바꾸려면 많은 힘이 필요합니다. 반대 방향으로 보내는 데는? 훨씬 더 큰 힘이 필요하죠.

우리의 인간관계 역시 마찬가지입니다. 어려운 사람이라고 지레 겁을 먹고, 혹은 반감을 갖고 무작정 충돌한다면 아무것도 얻지 못합니다. 이후에도 더 이상의 관계는 어렵게 됩니다. 그러니 어떻게 해서든 상대방의 첫마디가 "네"라고 나올 수 있는 말로 대화를 시작해야 합니다. 할 말이 없다면 도대체 "네"라고 답하지 않을 수 없는 질문을 던져도 됩니다.

(상대방이 커피를 마시고 "좋은데"라고 했다면) **"여기 커피 참 맛있는데요?"**

(정말 추운 날씨에 협상을 진행하게 되었다면) **"오늘 추위가 상당하네요."**

(놀고 나서 장난감을 치우지 않은 자녀에게) **"와, 정말 재밌게 놀았구나!"**

데일 카네기는 심리적으로 이렇게 분석합니다. **"사람이 '아니요'라고 말한다는 건 단순한 말 한마디가 아니다. 인체의 모든 기관이 함께 어우러져 거부 상태를 나타내는 것이다. 신경과 근육의 모든 조직이 거부의 태도를 보이는 것이다. 이와 반대로 '네'라고 말하는 건 위축 현상을 일으키지 않는다. 오히려 이때의 신체 기관은 수용적이며 개방적인 상태가 된다."**

우리가 처음부터 상대방에게 "네"라는 대답을 많이 유도해 내면 낼수록 상대방의 관심을 끌 가능성도 커진다는 것이 데일 카네기가 하고자 하는 말이었습니다. 이 간단하지만 강력한 인간관계 테크닉을 절대 소홀히 해서는 안 되겠습니다.

대화할 때 상대방에게 들어야 하는 단 하나의 반응은?
"Yes!"

상대방이 "네"라고 대답할 수 있도록 말하는 방법을 알아야 합니다. 이것은 일종의 질문 기술일 수도 있겠습니다. 나의 의견을 상대방에게 강요하는 것이 아니라 상대방이 "네"라고 답할 수 있는 질문을 던져 이야기를 이끌어가는 것입니다. 이를 위해 다음과 같은 질문 방법을 고민하면 좋겠습니다.

첫째, 긍정적인 질문을 합니다. 질문의 내용이 긍정적이면 상대방은 그 질문에 긍정적으로 대답할 것입니다. 어렵다면 일상의 작은 이야기로 시작하는 것은 어떨까요. 화창한 가을 어느날 던지는 "오늘 날씨가 좋네요?"라는 질문에는 상대방이 "네!"라고 대답하기가 쉬워집니다.

둘째, 선택지를 제공합니다. 선택지를 제공하면 상대방은 부정적인 반응 대신 선택지 중 하나를 선택하게 됩니다. 회사에서 새로운 프로젝트를 진행하는데 상사인 당신에게 부하 직원이 의견을 제시한다면 다음과 같이 질문하면 어떨까요. "그 의견도 괜찮은 것 같아요. 같이 논의해 볼까요?" 상대방의 의견을 존중하는 질문입니다. 부하 직원은 "네!"라고 대답할 겁니다.

좀 더 일상적인 사례를 들어볼까요. "오늘 저녁에 뭘 먹을까요? A, B, C 중에서 선택해 주세요"라는 질문을 던졌다면? 상대방은 A, B, C 중 하나에 "네!"라고 대답할 가능성이 있습니다. 물론 이때 A, B, C의 설계 역시 세심해야 합니다. 회를 좋아하는 사람에게 "삼겹살, 등심, 닭갈비 중에서 선택하세요"라고 한다면 곤란하니까요.

셋째, 동의할 수밖에 없는 질문을 합니다. 상대방이 동의할 수밖에 없는 질문을 하면 그 질문에 "네!"라고 대답하기가 쉽습니다. 예를 들어 북적북적한 시장 한가운데서 "여기 정말 복잡하네요"라고 질문한다면 상대방은 주변을 둘러보고 "네"라고 할 가능성이 높습니다.

넷째, 상대방의 입장을 고려합니다. 상대방의 입장을 고려해 질문하면 그 질문에 긍정적인 대답을 하게 됩니다. 예를 들어, "오늘 저녁에 같이 밥 먹을래?"라는 질문이 나에게 무언가 할 말이 있는 친구의 입장을 염두에 둔 것이라면, "네!"라는 대답을 듣게 될 것입니다.

이제 데일 카네기가 인간관계를 위해, 사람이 어려울 때 반드시 활용해야 한다고 말한 '소크라테스의 비밀'로 돌아가 봅니다. 소크라테스는 절대 상대방의 생각이 틀렸다고 지적하지 않았습니다. 그는 오로지 자신의 말에 상대방이 "네"라고 하는 반응을 유도했을 뿐입니다. 일단 "네"를 유도한 후에도 계속해서, 다만 한 가지씩만 상대방의 동의를 구했습니다.

상대방은 소크라테스의 질문을 따라가며 불과 몇 분 전까지만 해도 기를 쓰고 반대했던 어떤 결론을 스스로 철회합니다. 상대방은 이를 미처 깨닫기도 전에 "네"라고 할 수밖에 없습니다. 결국 '소크라테스의 소통법'을 사용한 사람은 자신이 원하는 걸 얻게 됩니다. 원만한 인간관계는 부록처럼 따라올 것이고요. 사람이 어렵습니까? 그렇다면 우리가 꼭 써봐야 할 최고의 방법이니 꼭 기억해 두면 좋겠습니다.

상대를
내가 원하는 대로
이끌어가고
싶다면

당신이 누군가에게 어떤 일을 맡기거나 혹은 시키고자 합니다. 직장 상사, 과제를 함께해야 하는 동료, 협력업체 담당자… 어떻게 해야 그들이 당신의 일을 기꺼이 하겠습니까. 데일 카네기는 말합니다. "이때 필요한 방법은 단 하나뿐인데 그것은 상대방이 스스로 그 일을 원하도록 하는 것"이라고요. 상대방이 스스로 그 일을

'하게' 하는 게 아니라는 점에 주의하세요. 일단 '원하도록' 하는 게 먼저입니다.

궁금합니다. 어떻게 해야 상대방이 우리의 일을 기꺼이 '원하게' 될까요. 데일 카네기는 이를 'The Big Secret of Dealing with People(사람을 잘 다루고자 하는 사람들을 위한 최고의 비법)'이라고 말하며 다음과 같이 조언합니다.

Give honest and sincere appreciation.
정직함과 진지함에서 우러나는 감사의 말을 먼저 건네라.

"훌륭한 아내가 되기 위해 필요한 여섯 가지를 말해줘요"라는 아내의 요청에 현명하게 답하는 법

이상합니다. 우리는 가까운 관계에 있는 사람일수록 감사의 말, 사랑의 말을 하는 것에 익숙하지 않습니다. 가정불화의 원인이 되고, 관계 파탄의 이유가 되면서도 말입니다. 이와 관련해 데일 카네기

가 사례로 든 이야기가 재미있습니다. 데일 카네기가 개설한 인간 관계 교육과정에 한 남성이 참여했습니다. 남성의 부인은 다니던 교회에서 진행하는 가족관계 회복 프로그램에 참여했나 봅니다. 그 남성의 이야기였습니다.

> **"어느 날 아내가 저에게 '내가 훌륭한 가정주부가 되는 데 필요한 여섯 가지 요구 사항을 기재해 달라'하면서 종이를 내밀었습니다. 솔직히 아내가 고쳐주었으면 하는 것이 많았습니다. 여섯 가지요? 적는 건 쉬운 일이었습니다. 하지만 저는 잠시 시간을 두고 생각했습니다. '아내도 내가 고쳤으면 좋겠다고 생각하는 게 수천 가지는 되지 않을까?' 그래서 아내에게 '생각할 시간이 필요하니 내일 아침에 말해주겠소'라고 말했습니다."**

자, 여기서 퀴즈를 하나 내볼까요. 당신이라면 하루의 시간을 번 다음 날 아침에 어떻게 말했을까요? 어떤 행동을 했을까요? 생각해 보고 아래에 먼저 적어보십시오.

자, 이제 데일 카네기의 교육과정을 공부하던 남성의 행동을 확인해 보겠습니다. 그는 다음 날 아침 평소보다 일찍 일어납니다. 그러고는 꽃집에 전화를 걸어 붉은 장미 여섯 송이를 보내달라고 부탁합니다. 그 꽃다발에는 다음과 같이 쓴 카드를 붙여놓도록 요청합니다. "당신에게 고쳐달라고 할 여섯 가지를 도대체 생각해낼 수 없었소. 나는 지금 있는 그대로의 당신을 사랑하오." 그렇게 그는 출근합니다.

저녁에 퇴근 후 집에 도착했습니다. 어떤 일이 일어났을까요. 자신을 기다린 지 이미 오래된 것처럼 보이는 아내가 문 앞에 서 있었습니다. 아내의 눈에는 감동의 눈물이 가득했고요.

쉽죠? 데일 카네기는 말합니다. **"자신의 가족에게 6일 동안 음식을 주지 않고 굶기는 가장이 있다면 그는 범죄를 저지르는 것이나 다름없다. 하지만 그들은 음식 못지않게 사람들이 갈망하고 있는 것, 즉 진심 가득한 칭찬, 찬사의 말을 상대방에게 주지 않으면서 6일 혹은 6주간, 심지어는 60년씩이나 무심코 지나쳐 버리고 있다."**

데일 카네기는 배우자, 자녀, 친구 그리고 직원들에게 신체적 혹은 물질적 영양분을 제공하는 것은 잘하면서도 왜 그들의 자부심에, 영혼에 영양분을 주는 데 인색한지를 질책합니다. 사람들에게 불고기와 감자를 주면서 에너지를 축적하는 건 잘하지만 칭찬과 감사의 말로 상대방의 영혼에 샛별처럼 기억될 기쁨을 주는 것을 해내지 못하고 있다며 안타까워합니다.

상대방을 당신이 원하는 대로 이끌고자 합니까. 상대방을 잘 다루고 싶은가요? 그렇게 해서 원하는 걸 얻고자 합니까? 그렇다면 진심에서 나오는 칭찬 그리고 감사의 말에 익숙해지세요. 어렵다면 다음의 말을 일단 외워두세요.

사랑해.

너는 내 인생에서 가장 소중한 사람이야!

너는 정말 멋진 사람이야.

너는 내 최고의 친구야.

너는 내 동반자야.

오늘도 정말 잘했어.

네가 하는 일 정말 멋져.

네가 이루고 싶은 꿈은 반드시 이뤄질 거야.

너는 정말 똑똑하고 능력 있는 사람이야.

너는 정말 감각 있는 사람이야.

너는 정말 따뜻하고 마음씨 좋은 사람이야.

앤드루 카네기가 찰스 슈왑에게
하루 3천 달러(1921년 기준) 이상의 급여를 기꺼이 지불한 이유

인간성의 내부에 존재하는 가장 강렬한 갈망 중 하나는 '중요한 사람이 되고 싶은 욕망'입니다. 더 나아가 '위대한 사람이 되고 싶은 욕망'도 가득합니다. 이 두 가지는 인간의 마음을 뒤흔들어 놓는, 타는 듯한 갈증과도 같습니다. 문제는 이런 갈증을 제대로 충족시키는 사람이 극히 드물다는 점입니다. 여기에서 인간관계의 힌트를 얻습니다. 이를 충족시켜 줄 수만 있다면? 그는 누구에게나 환영받는 사람이 됩니다.

데일 카네기는 말합니다. 영국의 소설가 찰스 디킨스가 일생에 걸쳐 불멸의 소설을 쓰게 만든 것도, 19세기 영국 최고의 건축가 크리스토퍼 렌이 위대한 건축물을 설계하도록 영감을 준 것도, 존 록펠러에게 평생 써도 다 쓰지 못할 만큼의 엄청난 부를 축적하도록 한 것도 모두 '중요한 사람이 되고 싶은 욕망'으로 인한 것이라고요. 상대방의 이 욕망을 다룰 줄 알아야 인간관계를 잘할 수 있다는 겁니다.

사람들은 각박한 현실 세계로부터 자신이 거부당하는 경험, 즉 중요한 사람이 되고 싶은 욕망인 '자기 중요감'을 잃게 되면 환상의 세계에서라도 이것을 획득하고자 미쳐버리는 것을 선택하는 경우가 많다고 합니다. 미국에서는 다른 모든 질병을 합친 것보다 정신질환으로 고통받고 있는 환자가 압도적으로 많은데 그 이유는 바로 현실 세계에서 충족되지 않는 '자신이 중요한 사람이라는 느낌'에서 비롯된다는 것입니다.

이런 사례가 있습니다. '철강왕'이라 불렸던 앤드루 카네기는 찰스 슈왑(Charles Schwab)이라는 사람을 불과 38세의 나이 때 1921년 기준 연봉 1백만 달러에 채용합니다. 참고로 당시에는 한 달에 200달러, 연간 3,000달러만 받아도 높은 급여로 생각하던 시절이었습니다. 과연 앤드루 카네기는 찰스 슈왑의 어떤 면을 보고 엄청난 급여를 지급했던 것일까요. 철에 관한 지식이 많아서? 제조 과정에 대한 이해가 깊어서?

아닙니다. 앤드루 카네기가 총애하던 찰스 슈왑은 자신의 강점을 이렇게 설명했다고 합니다. "저는 저보다 강철 제조에 관해 훨씬 많은 걸 알고 있는 사람들을 구성원으로 두고 있습니다." 찰스 슈왑은 사람들을 움직이는 능력이 있는 것만으로 그렇게 많은 급여를 받는다는 것이었습니다. 이것만으로는 부족합니다. 사람들을 모았다고 모두 일을 잘하는 건 아니지 않을까요? 찰스 슈왑의 다음 이야기를 통해 그 의문을 해소해 봅니다. "저에게는 구성원들의 열정을 불러일으키는 능력이 있습니다. 제가 소유하고 있는 자산 중에서도 최고로 중요한 자산입니다. 열정을 불러일으키는 능력, 그 능력은 바로 사람들이 자신의 가능성을 최고로 계발하게 하는 격려 그리고 칭찬입니다. 참고로 저는 결코 그 누구도 비판하지 않습니다. 오직 사람들을 칭찬하면서 그들에게 동기를 부여하려고 노력합니다."

나중에 US스틸의 초대 회장이 된 찰스 슈왑의 성공 비결을 우리는 알게 되었습니다. 물론 이러한 찰스 슈왑의 역량을 알아보고 큰 급여를 지급할 줄 알았던 앤드루 카네기 역시 대단합니다. 참고로 앤드루 카네기는 자신의 묘비명을 스스로 썼다고 하는데 그 내용 역시 찰스 슈왑의 능력을 알아본 바로 그 혜안이 가득 담긴 내용이었습니다. 앤드루 카네기의 묘비명입니다.

"자기보다도 똑똑한 사람들을 주변에 둘 수 있었던 자,

이곳에 잠들다."

상대방을 내 마음대로 이끌고 싶은 사람이라면 반드시 알아야 할
방법, 힌트를 얻으셨는지요. 이제 데일 카네기가 매일 아침에 볼 수
있도록 욕실 거울에 붙여놨다는 글을 통해 우리가 만나는 사람들
을 어떻게 대해야 하는지, 솔직하고 진지하게 칭찬과 감사를 해야
하는 이유를 되새겨보도록 하겠습니다.

**"나는 이 길을 단 한 번만 지나갈 수 있을 뿐이다. 그러므로 다른
사람에게 좋은 일을 할 수 있거나 친절을 베풀 수 있다면 지금 바로
행해야 한다. 이 길을 다시는 지나가지 못할 것이기에 지체하거나
게을리하지 않겠다."**

'오늘'을 안전하고 평화롭게 살아가기 위해
스스로에게 질문해야 할 5가지

- 첫째, 나는 저 멀리 있는 마법의 장미 정원을 동경한 나머지
  현실에서의 도피를 택하고 있는 것은 아닌가.

  _____

  _____

  _____

  _____

- 둘째, 나는 과거의 일을 굳이 끄집어내어 후회하면서
  현재를 오염시키고 있지는 않은가.

  _____

  _____

  _____

  _____

- 셋째, 나는 매일 아침 깨어날 때
  오늘 하루 최선을 다하자고 결심하는가.

  _____
  _____
  _____
  _____

- 넷째, 오늘을 산다는 것에서
  인생의 더 많은 보람을 획득할 수 있는가.

  _____
  _____
  _____
  _____

- 다섯째, 위의 네 가지를 언제부터 실천할 것인가?
  다음 달? 다음 주?

  _____
  _____
  _____
  _____

사람을
낚는 법

세상 사람은 모두 자기가 원하는 것에만 관심이 있습니다. 나와 다른 규칙으로 세상을 살아가는 상대방, 즉 타인은 내가 원하는 것에는 아무런 관심도 없습니다. 세상 사람에게 내가 원하는 것에 대해서만 이야기해 봤자 철없는 어린아이의 장난처럼 유치하고 우스꽝스러운 짓일 뿐입니다. 사람들이 자신이 원하는 것에만 관심을 지니는 건 당연합니다만 문제는 다른 사람은 우리가 원하는 것에 아무런 관심도 없다는 겁니다.

데일 카네기의 퀴즈를 풀어볼 차례입니다.

Q. 다음 문장에서 말하는 'This'가 무엇인지 한 문장으로 써보세요.

He who can do **this** has the whole world with him. He who cannot walks a lonely way.

이것을 할 수 있는 사람은 세상 모두를 얻을 수 있다. 할 수 없다면? 외로운 길을 걸을 수밖에 없다.

A. _____

바로 정답을 공개합니다.

> **Arouse in the other person an eager want.**
> **상대방에게 열렬한 욕구를 불러일으켜라.**

낚시할 때 물고기를 낚는 미끼로
왜 마카롱 대신 지렁이를 선택하는가?

데일 카네기의 취미는 낚시였습니다. 그가 좋아하는 간식거리는 딸기와 아이스크림이었고요. 딸기와 아이스크림을 좋아하지만 낚시하러 갈 때 데일 카네기는 딸기와 아이스크림을 찾기에 앞서 지렁이 혹은 메뚜기를 먼저 챙겼습니다. 낚시할 때 그는 물고기 앞에 딸기나 아이스크림이 아닌 지렁이나 메뚜기를 매답니다. 그리고 말하죠. "자, 물고기들아, 맛있게 먹어라!"

　데일 카네기는 자신의 경험을 예로 들며 이렇게 말합니다. **"물고기를 낚기 위한 낚싯바늘에는 물고기가 좋아하는 걸 매달아야 한다. 누군가로부터 무엇인가를 얻고자 할 때도 마찬가지 아닌가. 하지만 우리는 다른 사람을 낚으려 할 때 상대방이 좋아하는 것 대신 내가 좋아하는 걸 매달아 놓는다. 원하는 것이 얻어지지 않을 수밖에 없다."**

　단순히 원하는 걸 얻지 못함에서 끝인가요. 데일 카네기는 이를 통해 우리가 외로운 이유까지 통찰합니다. 인간관계에 있어 나 자신의 갈망만 가득 담아 말할 뿐 상대방의 열정을 불러일으키는 그 어떤 노력에도 게으른 것이 문제라는 겁니다. 타인을 움직일 수 있는, 타인과 가까워질 수 있는 유일한 방법은 그들이 원하는 것에 관심을 두는 것임에도 말입니다.

우리는 오늘도 악착같이 나 자신이 원하는 것에 관해서만 이야기하려 합니다. 데일 카네기는 이를 두고 '어린아이의 장난처럼 유치하고 우스꽝스러운 짓'이라고 단호하게 힐난합니다. 원래 사람이란 자신이 원하는 것에만 관심을 두고 또 영원히 그것에 관심을 가짐에는 변함이 없습니다. 하지만 타인은 우리가 원하는 것에 관심이 없다는 것도 진리입니다.

혹시 자녀를 둔 부모님이십니까? 예를 들어보겠습니다. 고등학생인 아들이 담배를 피운다는 걸 알게 됩니다. 자녀가 담배를 피우지 못하게 하려면 어떻게 해야 할까요. 다음 두 가지 방법 중에 어느 것을 선택하겠습니까?

❶ "나는 네가 담배를 피우지 않았으면 좋겠구나."

❷ "담배를 피우면 네가 좋아하는 클럽 농구팀에 가입하는 데 지장이 생기지 않을까? 다음 달에 교내 축구 경기도 있던데 혹시 담배 때문에 잘 뛰지 못해서 지는 건 아닐까?"

데일 카네기는 ②를 선택해야 한다고 말합니다. ①은 부모가 원하는 것일 뿐 자녀가 열렬히 원하는 것과 관계가 없는 건조한 말이기에 자녀의 어떠한 반응도 얻지 못한다는 것이죠. 데일 카네기의 결론입니다. **"내일 누군가에게 어떤 일을 하도록 설득해야 하는 상황과 마주한다면 말하기 전 잠시 쉬면서 스스로 물어보라. '어떻게 하면 이 사람이 이 일을 흔쾌히 하도록 만들 수 있을까?' 이 질문은 우리가 쓸데없는 잔소리를 늘어놓으며 경솔하게 일을 시키는 것을 막아줄 수 있다."**

| 부모의 카톡에 '읽씹'만 하던 자녀가
| 당장 답장하도록 만드는 비결

'철강왕'이라 불렸던 앤드루 카네기의 이야기입니다. 그의 형수는 두 아들 때문에 걱정이 많았습니다. 두 아들은 미국에서도 명문인 예일대학교에 재학 중이었습니다. 너무 공부를 열심히 해서였을까요? 어머니가 아무리 편지를 보내도 아들들에게 돌아오는 답장은 없었습니다. 지금처럼 핸드폰이 개인마다 주어진 시대가 아닌 건

물론 전화조차 힘들었던 시대였으니 아들들의 근황이 궁금한 어머니는 애가 탔을 겁니다.

이를 본 앤드루 카네기는 형수에게 내기를 제안합니다. 내기의 내용은 단순했습니다. 특별히 아들들에게 요구하지 않고도 답장을 받을 수 있을까에 관한 것이었습니다. 앤드루 카네기는 어떻게 했을까요. 편지를 쓰긴 썼습니다만 그 편지에는 답장을 보내라는 말은 단 한마디도 없었습니다. 그저 잡담에 불과한 내용밖에 없었습니다. 다만 편지 끝에 추신을 남깁니다.

"고생하는 너를 위해 5달러를 보낸다."

돈은 보내지 않았습니다. 일부러요. 자, 어떻게 됐을까요. 네, 그렇습니다. 총알같이 답장이 옵니다.

"존경하는 숙부님, 보내주신 편지 감사하게 잘 받았습니다. 그런데…"

다음의 내용은? 상상에 맡깁니다. 원리는 간단합니다. 앤드루 카네기는 자신이 원하는 것은 전혀 쓰지 않았습니다. 다만 상대방의 무의식 속에 있는 요구 사항에만 초점을 맞춰 편지를 썼습니다. 그렇게 자신이 원하는 것, 즉 답장을 쉽게 얻어냅니다. 데일 카네기의 말입니다. "오늘도 수천의 영업사원이 아무런 성과도 얻지 못하고 실망으로 지친 어깨를 축 늘어뜨린 채 거리를 배회하고 있다.
왜 그럴까. 그들은 항상 자신이 원하는 것만 생각하기 때문이다.
그들이 판매하려는 서비스와 상품이 우리의 문제를 해결하는 데
도움이 된다는 걸 보여주기만 한다면 우리는 스스로 그들을 찾아
구매하려 할 것이다. 하지만 수많은 영업사원은 여전히 구매자의
입장에 서지 않고 자기의 생각만으로 판매하면서 시간을 보낸다."

데일 카네기는 다음의 말을 반드시 기억하라고 합니다. **"먼저
다른 사람의 마음에 열렬한 욕구를 불러일으켜라. 이것을 할 수
있는 사람은 세상을 자기편으로 만들 수 있을 것이다. 그렇지 못
한 사람은? 외로운 길을 걷게 될 것이다."**

어느 길을 걷고 싶으십니까?

죽은 개를
걷어차는 사람은
없다

책을 좋아하고, 책을 통해 사람을 만나고, 책을 쓰다 보니 책과 관련한 이야기를 많이 듣습니다. 경험해 본 바에 의하면 '내 이름으로 된 책 한 권'은 한 사람에게 깊은 자존감을 느끼게 합니다. 한 분야의 전문가가 된 듯한 느낌도 들고 실제로 그렇게 세상이 대해 주기도 하니까요. 하지만 모두 좋은 건 아닙니다. 책을 쓴다는 건 비난의 화살도 받아야 하는 일이기도 합니다.

책을 잘못 쓰면 서평 등을 통해 비난을 받습니다. 그뿐인가요. 자신의 이름을 걸고 내는 것이기에 책의 품질에 문제가 있으면 오로지 저자의 잘못이 됩니다. 하지만 이보다 더 문제인 건 주변에 시기하는 사람이 의외로 많다는 점입니다. 언젠가 병원에서 사무직으로 일하며 서비스 마케팅 책 한 권을 쓴 저자의 한탄이 그러했습니다.

"저는 남는 시간을 쪼개어 책을 읽고 또 책을 썼습니다. 남들 퇴근 후 술 마시러 갈 때, 남들 주말에 골프 치러 다닐 때, 남들 카페에서 수다 떨 때, 저는 맡은 일을 고민하고 책을 읽으면서 역량을 키웠고 그 결과로 책 한 권을 쓰게 된 겁니다. 그런데 제 직속 상사는 의심부터 하더군요. 성과가 좋았음에도 말이죠. '책 쓸 시간에 일을 좀 더 열심히 해야 하는 거 아니야?'라는 것이었죠."

저는 말했습니다. "부당한 비난입니다. 하지만 그건 위장된 찬사입니다. 그러니 즐기세요." 그리고 데일 카네기의 말을 그대로 전했습니다.

> **Nobody kicks the dead dog.**
> 누구도 죽은 개를 걷어차지 않는다는 사실을 기억하라.

질투를 마음에
품고 사는 사람들이 있다

질투가 익숙한 사람들이 있습니다. 이들에게는 특징이 있습니다.

첫째, 자신과 다른 사람을 끊임없이 비교합니다. 남과 항상 비교하다 보니 질투와 시기심으로 자신의 모습이 처량해 보입니다. 이런 현상이 극명하게 나타나는 곳이 SNS 속 모습일 겁니다. 또래 친구가 내가 가진 능력보다 더 큰 능력을 지닌 것처럼 보일 때, 나는 갖고 있지 못하나 상대방은 그것을 마음껏 누리고 보란 듯이 자랑할 때 찾아오는 초라함과 무기력감이 질투심으로 번집니다.

둘째, 상대방을 어떻게 해서든 깎아내립니다. 자신만 지치는 질투심이라면 인간관계에서 문제 될 것은 없습니다. 문제는 그 질투심으로 상대방을 깎아내리고 부정하면서 자신을 우위에 놓으려고 한다는 점입니다. 책을 쓴 병원 직원에게 "책을 쓸 시간에 일을 더 해야 하는 것 아닙니까?"라는 사례도 마찬가지입니다. 질투와 열등감을 자신의 내면에서 해결하려는 것이 아니라, 상대방을 부정하고 깎아내리며 쓸데없는 감정 소비로 관계를 망칩니다.

셋째, 인간관계에서 결국 의심과 집착만이 남게 됩니다. 연인 혹은 친구 사이에 자주 나타나는 의심병과 집착은 질투에서 비롯된다고 할 수 있습니다. 나를 중심으로 관계가 흘러가지 않거나 내가 모든 상황을 통제하지 못할 때, 내 자리를 다른 누군가가 대체하고 있을 때 질투심이 극에 달합니다.

데일 카네기는 질투가 인간관계를 망칠 수 있다고 경고합니다. 하지만 그가 예를 든 내용은 유쾌합니다. 나이 서른에 미국 유명 대학교에 학장으로 취임한 인물이 있습니다. 나이 많은 교수들이 "너무 어리다", "경험이 부족하다"라면서 비난합니다. 학장으로 취임한 인물의 아버지는 이를 듣고 이렇게 말했다고 합니다. "우리 아들을 비난한다고? 그래? 하지만 아무도 죽은 개를 걷어차지는 않는다네. 허허허."

질투의 말은 그 말을 듣는 상대방이 중요한 사람이라는 걸 간접적으로 인정하는 것뿐입니다. 자신의 열등함을 상대방에 대한 질투로서 표출하는 것이죠. 가여운 건 결국 질투하는 사람입니다. 자기 스스로 열등하다고 느끼는 감정, 즉 '자격지심(自激之心; 자기가 한 일에 대해 스스로 미흡하게 여기는 마음)'을 표출하는 것뿐이니까요.

평범한 사람은 위인의 결점이나 어리석은 행동에 대단한 기쁨을 느낀다

혹시 누군가에게 비난을 받았습니까? 당신을 비난이란 무기로 걸어찬 사람은 '고작' 그것으로 자신이 잘났다는 느낌을 누리려는 사람이라는 걸 잊지 말아야 합니다. 달리 해석하면 당신이 무엇이건 남의 주목을 끄는 일을 하고 있다는 사실을 의미하기도 합니다. 세상에는 자기보다 높은 교육을 받은 사람이나 성공한 사람에게 악담을 하면서 천박한 만족감을 부끄러운 줄도 모르고 드러내는 사람이 있다는 걸 기억하세요.

쇼펜하우어의 말입니다. "평범한 사람은 위인의 결점이나 어리석은 행동에 대단한 기쁨을 느낀다." 평범한 사람이 되어 타인의 결점을 찾아내 흠을 잡겠습니까? 아니면 위인이 되어 자신의 부족한 점을 누군가가 비난하는 것을 즐기겠습니까? 후자이기를 바랍니다. 자기보다 훨씬 높은 지위의 누군가를 비난하면서 얻게 되는 만족감이 당신의 즐거움이 아니었으면 좋겠습니다. 값싸 보이는 즐거움에 희희낙락하는 사람이 아니기를 바랍니다.

문제가 있습니다. 내가 질투하지 않았는데도 여전히 주위의 누군가가 질투와 시기로 나에게 다가오려 한다면 어떻게 해야 할까요? 이때는 다음과 같은 점을 고려하는 것이 좋습니다.

첫째, 자신의 감정을 먼저 이해하세요. 시기와 질투를 하는 사람의 행동을 어떻게 느끼는지, 그 감정이 자신에게 어떤 영향을 미치는지 생각해 보세요. 불안, 분노, 우울 등 부정적인 감정을 느끼고 있다면, 그 감정을 억누르기보다는 자신을 돌보는 시간을 가지세요.

둘째, 시기와 질투의 원인을 파악하세요. 그 사람이 왜 나를 시기하고 질투하는지 생각하는 겁니다. 내가 가진 것을 원해서일까요? 아니면 자신의 부족함을 느끼기 때문일까요? 원인을 파악하면 그 사람을 이해하고 대처하는 데 도움이 됩니다.

셋째, 대화의 기회를 가져봅니다. 시기와 질투를 하는 사람과 직접 대화하는 것이 가장 좋습니다. 그 사람의 감정을 있는 그대로 이해하고, 자신의 입장도 충분히 설명하세요. 서로의 입장을 두고 이해하고 공감한다면, 관계를 개선하는 데 도움이 될 수 있습니다.

넷째, 거리를 두세요. 대화를 통해서도 해결되지 않는다면, 거리를 두는 것도 좋은 방법입니다. 그 사람과의 접촉을 줄이고, 다른 사람과 관계를 맺으며 자신을 돌아보는 시간을 가지세요.

여기까지 했음에도 상대방의 질투가 계속된다면? 구체적인 대처 방법은 상황에 따라 다르겠지만, 다음과 같은 방법이 도움이 될 수 있습니다.

첫째, 그 사람의 행동을 무시하세요. 그 사람의 시기와 질투에 반응하지 않으면 더는 당신을 괴롭히지 않을 것입니다.

둘째, 긍정적인 태도를 유지하세요. 당신이 시기와 질투에 굴복하지 않고 삶을 잘 살아간다면, 그 사람은 당신을 더욱 질투하게 될 것입니다. 오히려 그런 상황을 기회로 삼아 삶을 더욱 발전시키는 데 집중하세요.

셋째, 자신의 강점을 생각하세요. 당신은 그 사람이 갖지 못한 많은 강점을 지니고 있습니다. 자신의 강점을 인식하고 자부심을 지니세요.

시기와 질투, 하지 마세요. 시기와 질투로 무장한 누군가가 다가

설 때는 주의하세요. 질투하는 사람의 행동에 휘둘리지 말고, 스스로 돌아보는 시간을 가지며, 더욱 성장하는 계기로 삼고 끝내기를 바랍니다. 하지만 여전히 누군가의 부당한 비난에 괴로움을 느낀다면 다시 데일 카네기의 원칙으로 돌아가면 됩니다. **"누구도 죽은 개를 걷어차지 않는다는 사실을 기억하라."**

세상 모든 사람이
원하는
'그것'이 알고 싶다

직장에서, 특히 영업이나 마케팅 분야에서 일을 했다면 익숙하게 듣는 말이 있습니다. '니즈(Needs)'와 '원츠(Wants)'가 그것입니다. 세계적인 마케팅 학자 필립 코틀러(Philip Kotler)는 니즈를 '소비자가 결핍된 상태를 충족하려는 욕구'라고 했으며 원츠를 '니즈가 상황에 따라서 구체화한 욕구'라고 했습니다. 기업의 흥망성쇠는 고객의 니즈와 원츠의 파악에서 시작된다고 할 정도로 중요한 용어입니다.

예를 들어 A라는 20대 남성이 있습니다. 인스타그램에 게시된 패션몰 광고 사진 중 하나에 댓글을 답니다. 한 여성이 옷을 입고 있는 사진이었습니다. 댓글의 내용은 이랬습니다. "이 옷 관심 있습니다. 최초 구매인데 할인 쿠폰은 없나요?"

당신이 패션몰 MD라면 어떻게 이 고객에게 마케팅하겠습니까? DM을 보내 바로 20% 할인 쿠폰을 보내겠습니까? A 고객의 니즈 그리고 원츠는 충족이 되었을까요.

니즈는 충족되었을지도 모르겠습니다. 하지만 원츠는 다를 수도 있습니다. 20% 할인 쿠폰의 사용처가 옷이 아니라 같은 패션몰에서 판매하는 향수인 경우가 그러합니다. A 고객은 그 옷을 사려는 니즈보다는 여자 친구와의 100일을 기념할 선물이 필요했다는 원츠가 있었던 겁니다. 그래서 어렵습니다. 고객의 드러난 니즈가 아니라 숨겨진 의도인 원츠를 파악하는 것이.

상대방이 원하는 것, 그것이 알고 싶습니다. 더 나아가 세상 모든 사람이 원하는 것을 안다면 우리의 일상은, 관계는, 세속적인 의미에서의 성공도 성큼 다가올 듯합니다. 그렇다면 나와 다른 타인이 원하는 것을 어떻게 알 수 있을까요. 아니 직접적으로 세상 사람이 원하는 걸 해줄 방법은 없는 걸까요. 데일 카네기는 이에 대해 'What Everybody Wants(세상 모든 사람이 원하는 그것)'라고 하면서 솔루션을 제안합니다.

**Be sympathetic
with the other person's ideas and desires.
상대방의 생각과 욕구에 공감하라.**

아프냐?
나도 아프다!

데일 카네기는 세상 모든 사람이 원하는 것을 알고 싶다면, 타인으로부터 늘 적극적인 호응을 얻고자 한다면, 교육심리학자 아더 I. 게이츠의 조언에 집중하라고 합니다. "인간은 누구나 동정심을 애타게 원한다. 어린이는 자기의 상처를 보여주지 못해 가만히 있지를 못하다 결국 스스로 상처를 만들기도 한다. 어른도 마찬가지다. 사고나 질병, 특별히 외과수술이라도 한번 받게 되면 그것을 알리지 못해서 우왕좌왕한다. 불행을 겪은 사람의 자기 연민(Self-pity)은 이 세상 모든 사람이 느끼는 감정이다."

"아프다"라고 말하는 사람이 있습니다. 그렇다면? 맞습니다. "나도 아프다"라고 말해야 합니다. "그래서? 얼른 약국 가서 진통제라도 사서 먹지 그래? 왜 나한테 그래?"라고 한다면 인간관계는 그 시간으로 끝입니다. "아프냐, 나도 아프다"라는 자세, 이것이 이 세상 모든 사람과 공존할 수 있는, 그것도 아주 잘 공존하게 하는 솔루션입니다.

어떻게 해서든 상대방의 아픔에 대해서 "나도 아프다"라고 말하는 태도를 지녀야 합니다. "나도 당신의 아픔에 극히 공감한다"라고 말했을 때 우리의 인간관계는 다음의 측면에서 좋아질 수밖에 없습니다.

첫째, 관계가 개선됩니다. 상대방의 생각을 인정하고 공감한다는 것은 상대방을 존중하고 이해한다는 의미입니다. 따라서 상대방의 생각을 인정하고 공감하면, 상대방은 자기의 생각과 의견이 인정받고 존중받는다는 느낌을 받을 수 있습니다. 이는 상대방과의 관계를 개선하는 데 도움이 됩니다.

둘째, 협력이 증대됩니다. 상대방의 생각을 인정하고 공감한다는 것은 상대방과 같은 목표를 공유하고 있다는 의미입니다. 따라서 상대방의 생각을 인정하고 공감하면, 상대방은 나와 협력할 가능성이 커집니다. 이는 공동의 목표를 달성하는 데도 도움이 됩니다.

셋째, 갈등이 완화됩니다. 상대방의 생각을 인정하고 공감하면, 상대방과의 갈등을 완화하는 데 도움이 됩니다. 갈등은 서로의 생각이 다르기에 발생하는 경우가 많습니다. 따라서 상대방의 생각을 인정하고 공감하면, 서로의 생각의 차이를 이해하고 갈등을 완화할 수 있습니다.

구체적인 예를 들면, 친구와 의견이 다를 때 오히려 친구의 생각을 인정한다면, 회사에서 프로젝트를 진행할 때 동료의 아이디어에 공감해 준다면, 정치적 문제에 의견이 다를 때 일단 상대방의 견해를 수용한다면 우리는 그 어떤 누구와도 갈등의 가능성을 줄이면서 오히려 관계를 극적으로 개선할 기회를 맞이하게 될 것입니다.

"그렇게 생각하는 것이 당연합니다.
제가 당신이라도 똑같이 생각했을 테니까요!"

피아노를 가르치는 한 선생님이 있습니다. 10대 소녀가 피아노를 배우고자 합니다. 처음 만나서 보니 그 소녀는 손톱을 길게 길렀습니다. 아무래도 피아노 칠 때 방해가 됩니다. 선생님이 소녀에게 한 말은 무엇일까요?

　① "피아노 칠 때 긴 손톱은 방해되거든? 당장 잘라!"
　② "너는 손도 예쁘고 손톱은 아름답구나! 그런데 피아노를 빠르고
　　쉽게 배우기 위해 손톱을 정리하면 어떨까?"

데일 카네기에 따르면 ②가 인간관계를 성숙하게 유지하려는 사람이 표현하는 말이라고 합니다. 선생님은 소녀에게 겁을 주지 않았습니다. 우선 소녀의 생각을 들여다봤습니다. 예쁘게 보이고 싶은 나이, 그래서 잘 기른 손톱. 그런 손톱을 자르기가 쉽지 않다는 것을 선생님이 먼저 인정합니다. '인정'했기에 그다음에 나오는 조언이 소녀에게 진심으로 닿았을 겁니다.

'세상 사람 모두 원하는 것'은 무엇이었습니까. 그들의 생각에 대한 공감이었습니다. 아무리 논쟁적이거나 적대적인 사람이라 할지라도 차분하게 그의 말을 듣고 이렇게 말한다면 그 어떤 상황에서도 관계는 나빠지지는 않을 겁니다. "그렇게 생각하는 것이 당연합니다. 제가 당신이라도 똑같이 생각했을 테니까요!"

상대방의 생각이나 욕구에 공감하는 것은 어렵습니다. 이유는 단순합니다. 상대방은 나와 다른 누군가이기 때문입니다. 환경도 경험도 모두 다르니 당연히 의견도 다를 수밖에 없습니다. 데일 카네기는 미국의 유명한 조직폭력배이자 일종의 악의 상징과도 같았던 알 카포네(Al Capone)를 예로 들어 이렇게 설명합니다. "당신이 알 카포네와 완전히 똑같은 몸과 성격을 이어받았다고 가정하자. 그가 겪은 환경과 경험도 동일하다고 해보자. 그렇게 된다면 당신 역시 알 카포네처럼 흉악한 사람이 될 것이다. 당신이 방울뱀이 아닌 까닭은 단지 당신의 부모가 방울뱀이 아니었기 때문일 뿐이다."

상대방이 다르다고 해서, 상대방이 마음에 들지 않는다고 해서, 잘난 척할 이유는 없습니다. 자신이 잘나서 오늘날의 내가 된 게 아니기 때문입니다. 우리에게 다가오는 사람 중 고집불통이며 비이성적인 사람들 또한 그렇게 된 데는 나름의 이유가 있는 겁니다. 그들을 어떻게 바라봐야 할까요. 데일 카네기는 조언합니다. **"불쌍한 영혼을 가엾게 여겨라!"**

데일 카네기에 따르면 이 세상에서 만나는 사람 중에 75% 이상은 동정심에 굶주려 있다고 합니다. 이들에게 진심으로 가득한 동정심을 보여준다면? 세상의 75%는 우리의 것이 될지도 모르겠습니다. 이제 우리와 의견이 다른 누군가를 바라보면, 그들의 갑작스런 도발에 당황하는 순간이 왔다면, 데일 카네기의 조언을 먼저 머리에 떠올리세요. "Be sympathetic with the other person's ideas and desires(상대방의 생각과 욕구에 공감하라)."

불가피하게 일어난
갖가지 불쾌한 상황에 대처하는 법

●

우리는 인생이란 긴 항로를 가는 동안 갖가지 불쾌한 상황에 어쩔 수 없이 부딪치게 되는데 그것은 그저 불가피한 일일 뿐이다. 이때 우리에게는 선택의 자유가 있다. 즉, 불가피한 일을 불가피한 것으로 받아들이고 그것에 적응하든지, 아니면 그것에 집착해서 신경쇠약에 걸려 일생을 끝마치든지 중의 하나다. 무엇을 선택할 것인가. 철학자 윌리엄 제임스의 현명한 충고를 참고하길 바란다.

"액면 그대로 받아들여라. 일단 일어난 일을 받아들인다는 것은 불행한 결과를 극복하는 첫걸음이다."

달을 보고 울지 말고, 엎질러진 우유를 두고 후회하지 말자.

_____

_____

_____

2장

늘 불안한
완벽주의자에게
보내는
데일 카네기의 조언

●

고민한다고 해서 도대체 무슨 도움이 되겠는가?
불가피한 일이니 받아들이는 게 맞다.
지금 나의 왼손에는 엄지 그리고 세 손가락밖에 없다.
하지만 한 달에 한 번도 그것을 생각한 적은 없다.

오직
'오늘'만을
선명하게
바라보는 법

주기도문(主祈禱文)은 기독교의 기도문입니다. 제자들이 모범적인 기도에 관해 물어보자 예수님이 제시한 것으로 전해집니다. 보통 예배의 초반부나 후반부에 읊는 경우가 많으며 사도신경과 함께 성경의 맨 앞부분에 수록되는 중요한 기도문입니다. 지금부터 잠시 이 기도문을 읽어보겠습니다.

"하늘에 계신 우리 아버지, 온 세상이 아버지를 하느님으로 받들게 하시며 아버지의 나라가 오게 하시며 아버지의 뜻이 하늘에서와 같이 땅에서도 이루어지게 하소서.

오늘 우리에게 필요한 양식을 주시고 우리가 우리에게 잘못한 이를 용서하듯이 우리의 잘못을 용서하시고 우리를 유혹에 빠지지 않게 하시고 악에서 구하소서.

나라와 권세와 영광이 영원토록 아버지의 것입니다. 아멘."

기도문의 네 번째 줄에 주목합니다. '오늘 우리에게 필요한 양식을 주시고' 그렇습니다. 예수님이 제안하는 모범적인 기도문에는 '어제 우리에게 필요한 양식을 주셨고'라고도, '내일 우리에게 필요한 양식을 주실 것이고'라고도 하지 않았습니다. 지나간 일에 관심을 두지 않고, 다가올 시간에 관해서도 이야기하지 않습니다. 오직 '오늘'에만 집중합니다.

데일 카네기는 말합니다. 걱정을 극복하기 위한 기본 원칙 중에서도 가장 중요한 원칙은 바로 '하루하루에 충실할 것'이라고요. 과거와 미래에 연연하지 않은 채. 그래서….

> **Shut the iron doors on the past and the future.**
> **Live in day-tight compartments.**
> 과거와 미래의 창문을 닫아버리고 하루하루를 충실하게 살아라.

우리가 해야 할 가장 중요한 것은
가까이 있는, 똑똑하게 보이는 것부터 실행하는 일이다

윌리엄 오슬러(William Osler)라는 의학도가 있었습니다. 그는 의과대학 졸업시험을 앞두고 걱정이 가득했습니다. '과연 내가 졸업시험에 합격할 수 있을까? 합격하면 무엇을 해야 할까? 개업해야 하나? 생활이 될까?' 그때 그에게 한 문장이 다가옵니다. "우리에게 주어진 중요한 임무는 먼 곳에 있는 희미한 것을 보는 게 아니라 가까이 있는 똑똑하게 보이는 것을 실행하는 일이다."

40여 년이 지난 후 그는 미국의 명문 예일대학교에서 연설하는 유명인이 됩니다. 그는 자신이 대학교수가 되고, 유명한 책을 쓴 것을 두고, 사람들은 특별한 두뇌를 지녔다고 생각하지만 자신은 평범한 머리를 지닌 사람일 뿐이라고 말했습니다. 다만 자신이 잘했던 것이 '가까이 있는, 똑똑하게 보이는 것을 먼저 실행한 것'이라고 하면서 사례를 통해 설명합니다. 그가 연설 전에 타게 된 대형 선박에 관한 이야기였습니다.

"**선교(船橋; 배가 항해할 때 선장이 항해나 통신 따위를 지휘하는 곳)를 구경하게** 되었습니다. 모든 스위치가 질서정연하게 배열되어 배의 각 부분을 잘 구획해 조절할 수 있었습니다. 여러분도 '오늘'이라는 구획을 명확히 지어 살아가기를 바랍니다. 스위치를 하나 눌러서 이미 지나간 어제를 잠근 철문 소리를 들을 수 있어야 합니다. 다음 스위치를 눌러 아직 눈앞에 나타나지 않은 내일이라는 커튼도 닫아야 하고요. 그렇게 해야만 여러분의 '오늘'은 온전한 것이 될 것입니다. 안전하게 운행하는 선박처럼."

우리가 '오늘'을 살아가기 위해 꼭 기억해야 할 지혜 아닐까요. 오늘을 살아가는 것은 단순히 오늘에만 집중해서 되는 건 아닙니다. 어제에 대해 확실하게 철문을 닫아야 하며, 내일에 대해 명확하게 커튼을 닫고 나서야 비로소 오늘이라는 시간에 온전히 집중

할 수 있습니다. 과거가 그리고 미래가 오늘을 붙잡고 있으면 우리는 어쩔 수 없이 걱정에 빠지게 됩니다. 정작 중요한 '오늘'은 팽개친 채 말입니다.

'걱정을 걱정한다.' 우스운 말입니다. 이런 우스꽝스러운 일이 벌어지지 않게 하기 위해서라도 오늘에 충실해야 합니다. 과거에서 벗어나지 못하면, 미래에서 헤어나지 못하면, 오늘은 늘 걱정만으로 채워지기 때문입니다. 과거의 철문 그리고 미래의 커튼을 확실하게 닫아야 비로소 우리는 걱정에서 벗어날 준비가 된 것입니다.

> 내일이 최악일지라도 그것이 무슨 상관인가?
> 나는 오늘을 성실히 살겠다!

데일 카네기는 스티븐 리콕(Stephen Leacock)의 저서에서 찾아낸 다음의 문장을 인용하면서 현실에서 도피하려는, 과거와 미래에 얽매여 있으려는 인간의 어리석음을 꾸짖습니다. "우리 인생은 기묘하다. 어린애들은 '내가 청년이 되면'이라고 말한다. 청년은 '어른이 되면'이라고 한다. 어른이 되면 '결혼하게 되면'이라고 말하며 그다음에는 '은퇴하면'이라는 말을 꺼낸다. 그러다가 결국 은퇴하면? 이미 지나가 버린 자신의 모습을 되돌아본다. 차디찬 바람이 스쳐 지나갈 때야 비로소 과거라는 경치를 제대로 보지 못했다는 회한에 빠진다. 비로소 그 어떤 것도 제대로 보지 못했음을 알게 된다."

저 멀리 지평선 너머에 있는 마법의 장미 정원을 꿈꾸기만 하고 정작 자기 집 창밖에 피어 있는 장미꽃은 거들떠보지도 않는 우리의 모습 같습니다. 프랑스의 철학자 몽테뉴(Michel Montaigne) 역시 현재를 무시한 채 미래와 불안에 집착하는 인간의 어리석음을 비판합니다. "나의 생애는 무서운 불행으로 꽉 차 있는 것만 같았다. 하지만 그런 불행은 단 한 번도 일어나지 않았다."

과거의 일을 후회하고, 미래의 일을 두려워하는 사람, 그로 인해 정작 현재를 누리지 못하는 어리석은 사람, 혹시 그런 사람이 우리인 것은 아닐까요. 데일 카네기는 말합니다. **"과거를 닫아버려라. 지나갈 일을 과거로 묻어두어라. 내일과 어제의 짐까지 모두 오늘 지고 가려 한다면 그 아무리 강한 사람이라도 쓰러지게 된다. 미래란 바로 오늘이다. 내일이 아니다. 에너지의 낭비나 정신적 고뇌 그리고 번민은 미래의 일에 이리저리 얽매이는 사람에게 붙어**

다니게 마련이다. 과거와 미래로 향하는 문은 꽉 닫고 오직 오늘을 위해서만 충실하게 생활하는 습관을 지니도록 하라.”

오늘은 우리에게 주어진 새로운 인생입니다. 현명한 우리라면 하루하루가 새로운 생활로 가득해야 합니다. 그 비결은 '한 번에 하루만을 살아가는 것'에 있습니다. '오늘은 내 것'이라고 노래하는 사람만이 걱정과의 싸움에서 승리하고 결국 행복이라는 결과물을 얻어낼 수 있습니다. 그 비결은 '내일은 최악이 될지라도 그것이 무슨 상관이랴. 나는 오늘을 성실히 살 텐데!'라고 할 줄 아는 마음가짐에 있습니다.

불필요한 걱정이
평온한 일상을
망치지
못하도록

걱정은 미래에 일어날 수 있는 좋지 않은 일에 대한 불안과 두려움의 감정입니다. 걱정은 누구나 겪는 자연스러운 감정이지만 지나치게 걱정한다면 삶에 부정적인 영향을 미칠 수 있습니다. 그렇다면 걱정은 삶에 어떤 영향을 미치게 될까요. 몇 가지가 있을 것입니다.

첫째, 정신 건강에 악영향을 미칩니다. 걱정은 불안, 초조, 우울, 스트레스 등의 정신적 문제를 유발할 수 있습니다. 또한 수면 장애, 식욕 변화, 집중력 저하 등의 증상이 나타날 수 있습니다.

둘째, 신체 건강에 악영향을 미칩니다. 걱정은 코르티솔과 같은 스트레스 호르몬의 분비를 증가시킵니다. 코르티솔은 혈압 상승, 당뇨, 심장질환, 면역력 저하 등의 건강 문제를 유발할 수 있습니다.

셋째, 대인관계에 악영향을 미칩니다. 걱정에 사로잡혀 있으면 타인과의 관계에 집중하기 어려울 수 있습니다. 또한 걱정으로 인해 부정적인 생각이나 감정을 표현하게 되면 대인관계에 문제를 일으킬 수도 있습니다.

이 세 가지는 결국 삶의 질을 낮추게 됩니다. 걱정은 삶의 즐거움을 감소시키고, 일상생활에 지장을 줄 수 있습니다. 걱정에 대한 집착으로 삶을 낭비하게 될 수도 있습니다. 어쩔 수 없는 거 아니냐고요? 걱정되니까 걱정하는데 뭐가 문제냐고요? 그렇다면 제일 무서운 말 하나를 들려드리겠습니다. 데일 카네기의 말입니다. 아니, 데일 카네기가 인용한 노벨의학상 수상자 알렉시스 카렐(Alexis Carrel)의 말입니다.

Business men who do not know
how to fight worry die young.
걱정과 싸울 줄 모르는 사람은 단명(短命)한다.

걱정이란
끊임없이 떨어지는 물방울과 같다

사람들의 건강에 관한 관심은 점점 높아지고 있습니다. 하지만 건강 정보의 홍수 속에서 오히려 '어디가 아픈 거 아닌가?' 하고 지레 걱정이 먼저 들기도 합니다.

본인의 건강에 관심을 두고 꾸준히 관리하는 건 필요한 일이지만 걱정이 지나치면 '건강염려증'이라는 진단을 받기도 합니다. 말 그대로 '걱정도 병'입니다. 건강염려증은 신체에 나타나는 증상 그 자체보다 환자 자신이 어떤 심각한 질환을 갖고 있다는 생각에 집착하거나 두려워하는 것이 가장 큰 문제입니다.

보통은 건강에 문제가 있다고 생각되는 경우 조금 걱정하다가

'괜찮겠지' 하고 넘깁니다. 하지만 건강염려증을 겪는 사람들은 이를 지나치지 못합니다. 의사가 아무리 괜찮다고 말해도 믿지 않고 '다음 병원에서는 내 병을 알아줄 거야'라고 생각하며 온갖 검사와 진료를 되풀이합니다. 진찰 결과 이상이 없다고 하면 보통은 기뻐해야 하는데 이들은 화를 내거나 의사를 불신합니다.

건강염려증이 심각해지면 일상생활도 힘들어집니다. '큰 병에 걸렸을지도 모른다'라는 생각에 사로잡혀 고통스러운 하루하루를 보냅니다. 건강염려증은 아무런 의학적 이상이 없음에도 반복적으로 신체 증상을 호소합니다. 결국 만성 스트레스 등으로 심신의 자가 회복력이 저하되고 신경계의 작은 이상이 과장되어 실제 몸의 증상으로 나타납니다. 걱정이 병을 만드는 우스운 현상입니다.

건강을 위한 걱정이 병이 되어버리는 현상, 우리가 슬금슬금 다가오는 걱정을 이겨내야 하는 하나의 사례가 됩니다. 조용히 다가오기에 더욱 무섭습니다. 걱정이란 끊임없이 몸을 갉아먹는, 떨어지는 물방울과 같을 뿐이니까요.

건강염려증뿐일까요. 부모염려증, 자녀염려증, 회사염려증, 돈벌이염려증 등 건강한 몸 상태를 오히려 악화시키는 수많은 염려증을 막아내야 합니다. "걱정과 싸울 줄 모르는 사람은 단명(短命)한다"라는 데일 카네기의 말을 기억해야 할 이유입니다.

반추는
소의 것이다

반추(反芻)라는 말이 있습니다. 소나 염소 등의 초식동물이 한번 삼킨 먹이를 다시 게워내어 되새기는 일입니다. 그런데 이 용어가 사람에게도 적용됩니다. '되풀이하여 음미하고 생각하는'이라는 뜻으로 말입니다.

'되풀이하여 음미하고 생각하다'라는 말, 언뜻 들으면 괜찮습니다. 하지만 실제 반추는 우리에게 좋은 방향으로 작용하지 않습니다. '반성'은 좋은 것이나 '반추'는 별로입니다.

반추는 우울증에서 나타나는 심리 현상이라고 합니다. 과거에 있었던 일을 현재 시점에서 반복적으로 떠올려 후회와 슬픔의 감정을 불러일으키는 생각이 반추입니다. 소가 음식물을 되새김질하듯 생각을 계속 곱씹습니다. '오늘 왜 이러지? 왜 이런 일이 자꾸 생기지?' 기분이 우울해진 이유를 찾고 또 그 이유를 찾는다고 무기력해집니다.

반추는 몸과도 직접적으로 연관된다고 합니다. 반추하다 보면 현실의 과제를 해결하기 위해 몸을 움직이려는 동기가 사라진다는 것이죠. 생각하느라 행동할 기운마저 뺏기기 때문일 겁니다. 요리를 하다가 뜨거운 기름에 손이 데면 우리는 '가까운 병원은 어디지? 응급약이 혹시 집에 있었나?'를 먼저 생각합니다. 문제 해결을 최우선 과제로 두는 겁니다.

하지만 심각한 반추에 빠진 사람은 '하필 왜 기름이 이 순간에 튄 걸까? 혹시 내가 뭘 잘못하고 있는 건 아닐까? 어제 술을 마셔서 벌을 받는 걸까?'라며 문제 해결을 위한 행동 대신 문제 원인을 찾는 것에 골몰합니다. 그러다 결국 엉뚱하게 자신을 비난하기도 합니다. 잘 지내고 있는 일상의 잘못된 부분에만 초점을 맞추게 되고, 지금은 어찌할 수 없는 과거만 탓하며 무력감만 더 키우는 것입니다. 그렇다면 궁금해집니다. 쓸데없는 반추에 휘둘리는 우리의 일상을 어떻게 하면 제자리로 회복시킬 수 있을까요.

몸을 움직이는 방법을 권해봅니다. 생각에 빠져 있을 때 몸을 움직이는 겁니다. 생각은 몸을 통해서 조절되어야 합니다. 산책도 좋고, 달리기도 좋습니다. 굳이 집 밖을 나서지 않아도 됩니다. 책장

정리를 하든지, 침대 밑을 닦든지, 그것도 아니면 방을 물걸레질하는 것도 괜찮겠습니다. 복잡한 행동을 하려고 애쓰지 마세요. 오히려 단순한 동작이 반추를 멈추게 하니까요.

결국 반추는 걱정의 반복입니다. 이를 위해 다양한 대응 방법을 준비해 두면 좋습니다. 몸을 움직이는 건 제일 먼저 추천할 만한 일이고요. 이외에도 걱정의 대상을 구체화해 보거나, 현실적인 대처 방안을 고민해 보거나, 늘 우리에게 필요한 덕목이라 여겨지는 긍정적인 사고를 갖는 것도 괜찮습니다. 어쨌거나 걱정과 우리가 조금이라도 멀어질 수 있으면 됩니다.

이런 연구 결과가 있다고 합니다. "위궤양의 원인은 음식물이 아니다. 인간의 마음을 좀먹는 걱정이 원인이다." 관련하여 "위궤양은 때때로 감정적 긴장의 강약에 따라 일어나기도 하고 가라앉기도 한다"라는 말도 있답니다. 사람의 마음과 육체는 하나이기 때문일 겁니다. 마음이 아프면 몸도 아픕니다. 몸이 아플 때는 마음부터 살펴야 합니다.

걱정은 누구나 겪는 자연스러운 감정입니다. 하지만 지나치게 걱정하는 경우 삶에 부정적인 영향을 미칠 수 있습니다. 그러니 걱정을 줄이기 위한 노력을 통해 삶의 질을 높이는 것이 중요합니다.

걱정이 계속되면, 반추가 지루하게 이어지면, 그렇습니다, 데일 카네기의 말처럼 우리는 단명할 수도 있으니까요. 걱정을 그냥 방치해서는 안 됩니다. 걱정이라는 기분이 우리의 일상을 엉망으로 만들게 하지 말아야 합니다.

두려움과 걱정에 사로잡혀 헤어날 수 없는 상황을 극복하는 마법의 공식 3가지

- 첫째, '이 문제를 해결할 수 없을 때 일어날 수 있는 최악의 상황은 무엇인가?'를 스스로에게 묻는다.

_____

_____

_____

_____

- 둘째, 불가피한 경우라면 최악의 상황을 받아들일 준비를 한다.

_____

_____

_____

_____

- 셋째, 최악의 상황을 개선하기 위해 필요한 노력을 한다.

_____

_____

_____

_____

피할 수 없는 일을
대하는
"받고 더블로 가!"

생각이 바뀌면 행동이 바뀌고, 행동이 바뀌면 습관이 바뀌고, 습관
이 바뀌면 인격이 바뀌고, 인격이 바뀌면 운명까지도 바뀝니다. 우
리는 태도를 바꿈으로써 자신의 인생을 바꿀 수 있습니다. 하지만
우리는 쓸데없는 두려움 때문에 우리의 신체적, 정신적 자원의 극
히 작은 부분만을 사용합니다. 걱정을 떨치고 두려움을 극복한다

면 습관적으로 사용하지 않는 여러 종류의 재능을 훨씬 더 폭넓게 사용할 수 있음에도요.

우리는 그 어떤 일에도 쾌활한 마음 자세를 갖고 유쾌한 것처럼 말하고 행동해야 합니다. 불가피한 일이 벌어진다면? 액면 그대로 받아들여야 합니다. 일단 일어난 일을 받아들인다는 건 자신에게 다가오는 불행한 결과를 극복하는 첫걸음입니다. 어쩔 수 없을 때는 그 상황까지 받아들이는 것 그리고 자신을 적응시키고 깨끗이 잊어버리는 것, 이것만 있어도 우리의 일상은 긍정과 도전, 행운으로 가득할 겁니다.

불편한 일, 어쩔 수 없는 일, 그런 일을 대할 때 우리가 취해야 하는 태도에 대한 데일 카네기의 조언 역시 비슷합니다.

> **Co-operate with the inevitable.**
> **피할 수 없는 일은 받아들여라.**

손가락 하나를 잃은 데일 카네기,
그 사건을 어떻게 바라봤을까?

어린 시절 데일 카네기는 친구들과 놀다가 그만 잘못하여 손가락 하나를 잃게 됩니다. 그는 비명과 함께 죽을지도 모른다는 두려움에 휩싸였다고 고백합니다. 하지만 손가락이 낫고 나서 그는 한 번도 손가락을 잃은 사건에 대해 고민하지 않았답니다. 그의 말입니다. **"고민한다고 해서 도대체 무슨 도움이 되겠는가? 불가피한 일이니 받아들이는 게 맞다. 지금 나의 왼손에는 엄지 그리고 세 손가락밖에 없다. 하지만 한 달에 한 번도 그것을 생각한 적은 없다."**

우리는 인생이라는 긴 항로를 지나게 됩니다. 어쩔 수 없이 갖가지 불쾌한 상황에 부딪치게 되는 건 당연합니다. 하지만 그건 불가피한 일입니다. 데일 카네기의 말에 의하면 이때 우리에게는 선택의 자유가 있다고 합니다. 선택할 수 있는 항목은 둘 중 하나입니다.

첫째, 불가피한 일로 받아들이고 그것에 적응한다.

둘째, 불가피한 일에 집착해 신경쇠약에 걸려 일생을 끝마친다.

우리의 선택은 무엇이어야 할까요?

불가피한 일에 저항할 것인가, 아니면 불가피한 일을 흡수할 것인가

데일 카네기는 "불가피한 일은 받아들여라"라는 조언을 더욱 명확하게 우리에게 전달하고자 합니다. 다음의 멋진 문장이 데일 카네기가 말하려는 것을 뒷받침합니다.

> "액면 그대로 받아들여라. 일단 일어난 일을 받아들인다는 것은 불행한 결과를 극복하는 첫걸음이다."
> "깨끗하게 체념할 수 있는 자세야말로 인생길을 준비함에 가장 중요한 태도다."
> "태양 아래 모든 고통에 구원은 있거나 없다. 있다면, 그것을 찾기 위해 노력하라. 없다면, 잊어라."
> "손댈 수 없는 일이라면, 나는 그것을 받아들인다."

주변의 환경만이 우리를 행복하게 하거나 불행하게 만드는 건 절대 아닙니다. 우리의 감정을 결정하는 건 환경에 반응하는 방법에 달려 있습니다. 예수님은 -데일 카네기는 독실한 기독교인이었나 봅니다 - 천국이 우리 안에 있으나 반대로 지옥도 우리 안에 있다고 말했다고 데일 카네기는 이야기합니다. 불가피한 일을 바꿀 수는 없습니다. 하지만 우리 자신을 바꿀 수 있습니다.

우리는 생각한 것보다 훨씬 강하다는 걸 기억해야 합니다. 데일 카네기가 사례로 든 부스 타킹턴(Booth Tarkington)이라는 사람도 그러합니다.

그는 나이 예순이 넘어 갑자기 실명하게 되었지만 이렇게 말합니다. "눈이 멀었다는 사실은 비참한 게 아니다. 눈이 멀었다는 사실을 참을 수 없는 것이 비참한 것이다."

비참한 사람으로 살아가고자 합니까. 아닐 겁니다. 자신에게 주어진 일을 받아들이는 한편으로 그 사실에 절망하지 않고 오히려 행복한 경험으로 바꾸려는, 강한 사람이 되어야 합니다.

데일 카네기는 소를 예로 들며 불가피한 일을 받아들이는 법에 대해 추가로 설명합니다. "나는 12년 동안 가축을 길러왔다. 하지만 아직 추위 등으로 인해 목초의 품질이 별로라든가, 수소가 다른 암소와 사이좋게 지낸다고 해서 소가 짜증을 내는 걸 본 적이 없다. 동물은 폭풍, 굶주림 앞에서도 순응할 줄 안다. 그래서인가 동물은 결코 신경쇠약이나 위궤양에 걸리는 법이 없다. 정신적으로 미쳐버리지도 않는다."

고대의 철학자 에픽테토스(Epictetus)의 말도 데일 카네기의 생각과 비슷합니다. "행복의 길은 단 하나밖에 없다. 우리의 의지력으로 어쩔 수 없는 일에 대해 고민하기를 그만두는 것이다."

행복의 길은 단 하나뿐인데 그 길은 '우리의 의지로 어쩔 수 없는 일에 대해 고민하는 걸 그만두는 것'이라는 말, 우리의 선택지가 되어야 하지 않을까요. 어쩔 수 없는 일이 일어났을 때 우리가 가져야 할 태도는 선명해졌습니다. 난처한 일이 생겼다면, 우선 할 수 있는 데까지는 최선을 다합니다. 그래도 안 되는 일이라면? 잊어버려야 합니다.

미래까지 걱정할 이유가 없습니다. 앞날에 무슨 일이 생길지 예측할 수 없기 때문입니다. 데일 카네기는 유도 사범들의 조언, 즉 "버드나무처럼 휘어져라. 참나무같이 저항하지 마라"를 우리의 삶의 태도로 가져와야 한다고 말합니다. 자동차 타이어도 마찬가지랍니다. "자동차의 타이어는 장기간 사용되는데도 어떻게 충격을 견딜까? 최초의 타이어 제조업자들은 도로의 충격에 저항하는 타이어를 만들었는데 이내 헝겊처럼 헤지고 말았다. 그래서 그들은 도로의 충격을 흡수하는 타이어를 만들었다. 지금의 타이어가 그것이다."

우리에게 다가오는 불가피한 일을 도로에서 오는 충격이라고 해볼까요. 그 충격에 '저항'하면 우리의 몸과 마음은 갈래갈래 헤지고 말 것입니다. 하지만 그 충격을 적절하게 '흡수'할 줄만 안다면 우리는 도로라는 인생길을 편안하게 주행하는 멋진 타이어와 같을 것입니다. 이제 다시 데일 카네기의 결론 한 줄을 되돌아볼 때가 되었습니다. "불가피한 일은 받아들여라."

기독교 윤리학자 라인홀드 니부어(Reinhold Niebuhr)의 평온을 위한 기도문을 읽으면서 불가피한 일을 어떻게 다룰지를 차분하게 정리해 봤으면 좋겠습니다.

오, 하느님!
제가 변화시킬 수 없는 것은 그대로 받아들이는 마음의 평화를 주시고 변화시킬 수 있는 것은 변화시킬 수 있는 용기를 주십시오.

그리고 이 둘의 차이를 구별하는 지혜를 주십시오.

하루를 살아도 한껏 살게 해주십시오.

한순간을 즐겨도 한껏 즐기게 해주십시오.

과거에
얽매인다는 것,
톱으로 톱밥을
다시 켠다는 것

이런 일이 있습니다. 고속도로를 달리다 우측으로 빠져야 하는데 그냥 지나치는 경우 말입니다. 예를 들어 100미터 정도 더 가서 갓길에 서게 됩니다. 장시간 운전으로 지친 상황이고요. 다음 나들목에서 빠지는 게 맞겠지만 너무 힘이 들어서 차가 오지 않을 때를 틈타 조금씩 후진합니다. 사이드미러를 보면서 차가 오면 서고, 안

오면 후진을 반복합니다.

고속도로는 차가 100킬로미터가 넘는 속도로 달리는 곳입니다. 커다란 관광버스가 쌩하고 지나가면 자동차가 흔들릴 정도입니다. 잘못하다가는 죽겠다는 생각이 들기도 합니다. 그래도 다음 나들목까지 수십 킬로미터를 가는 건 힘드니까 계속 후진해서 결국 우측으로 빠져나갑니다. 사고가 나지는 않았으나 절대 해서는 안 되는 일입니다. 고속도로에서의 자동차 역주행은 정말 위험한 짓입니다.

과거에 얽매이는 것은 자동차 역주행과 같습니다. 시간은 과거로 가지 않고 미래로 향합니다. 시간은 절대로 후진하지 않습니다. 그런데 사람은 자꾸 시간을 역주행합니다. 하지만 시간 역주행은 우리의 인생을 위험에 빠뜨릴 수 있습니다. 앞으로 가야 합니다. 데일 카네기도 같은 생각입니다. 그의 말을 들어볼까요.

Don't try to saw sawdust.
톱밥을 켜지 마라.

톱밥을 켜지 마라? 뭔가 이상한 점을 발견하셨는지요. 보통 '켜다'라는 말은 나무를 세로로 톱질하여 쪼개다는 뜻으로 쓰여 '톱으로 통나무를 켜다'라고 사용하는 게 맞습니다. 톱으로 켜야 하는 건 통나무지 통나무를 켰을 때 나오는 톱밥이 아닙니다. 그런데 톱밥을 켠다? 데일 카네기는 다음의 말을 하려고 했습니다. **"톱으로 톱밥을 켠다는 건 불가능하다. 톱밥을 톱으로 켜봤자 자신이 원하는 모양으로 만들 수도 없고 먼지만 날릴 테니까. 우리가 되돌아보는 과거도 마찬가지다. 지나가 버린 일로 마음을 괴롭히는 건 톱밥을 톱으로 켜려는 것이나 다름없는 짓에 불과하다."** 톱으로는 통나무를 켜야 합니다. 톱밥을 켜서는 안 되는 겁니다.

언제까지 과거에 얽매여 살 것인가?

영국 속담에 "과거는 과거로 버려두라! 우리는 지금 여기에 있다 (Let by gones be by gones, we are here now)"라는 말이 있습니다. 하지만 우리는 여전히 지금 여기에 없는 일로 괴로워합니다. 세계 최고의 병원 중 하나인 존스 홉킨스 병원의 설립자 중 한 사람인 윌리엄 오슬러는 이렇게 말했습니다. "내일에 아무런 도움이 되지 않는다면, 당신의 과거는 쫓아보내라."

과거의 슬픔, 고통, 아쉬움, 미련을 생각하면 고통에서 벗어날 수 없습니다. 과거가 나에게 도움이 안 된다면 기억 속에서 쫓아내야 합니다. 과거는 영원히 정지해 있습니다. 과거는 영원히 움직이지 않습니다. 움직이지도 않고, 정지해 있는 과거에 우리의 에너지를 소비해서는 곤란합니다. 우리가 집중해야 할 것은 소중하기 이를 데 없는 '현재'일 뿐입니다.

데일 카네기가 "톱밥을 켜지 마라"라고 말한 것 역시 마찬가지입니다. 톱은 나무를 켤 때 사용하는 것입니다. 톱을 톱밥을 켤 때 사용하는 건 톱의 사용 목적에 맞지 않습니다. 아니, 톱밥은 켤 수도 없습니다. 톱밥은 이미 켜졌기 때문이지요. 과거도 마찬가지입니다. 이미 지나가 버린 일로 걱정하는 것은 톱밥을 켜려는 일과 같습니다.

데일 카네기가 한 야구계의 원로에게 물어보았습니다. "당신 때문에 경기를 진 일로 걱정한 일이 있었나요?" 원로의 대답은 새겨들을 만했습니다. "종종 그런 일이 있었습니다. 하지만 그따위 어리석은 번민에 휩싸였던 건 까마득한 옛날이야기입니다. 고민한다고 바뀌는 건 아무것도 없으니까요. 이미 흘러 지나간 개울물로 물레방아를 찧을 수는 없는 것입니다."

그렇습니다. 흘러간 물로는 물레방아를 찧지 못합니다. 흘러간 물로는 씨앗을 싹트게 하지도 못합니다. 하지만 흘러간 물, 즉 과거는 우리의 얼굴에 톱질을 할 수는 있습니다. 걱정에 주름이 생기게 하고, 위궤양을 일으킬 수도 있습니다. 과거에 매여 있는 우리에게 다가오는 건 긍정적인 효과라고는 전혀 없는, 몸과 마음에 부정적인 영향만 가득 가져오는 그 무엇입니다. 그런데 아직도 톱밥을 켜고자 합니까?

새로운 꿈을 꾸고자 하는 사람을 위한 조언,
"지나간 것은 지나간 대로…"

뻔한 말들이 있습니다. "다리에 이르기까지는 다리를 건너지 마라", "엎지른 우유는 후회해도 소용없다"와 같은. 데일 카네기는 이 뻔한 말이야말로 그동안 위대한 학자들이 쓴 그 어떤 말보다도 더 우리의 인생에서 기억해야 할 의미심장한 말이라고 강조합니다. 더 나아가 위의 두 격언을 실생활에 적용할 줄만 안다면 지금 읽고 있는 자신의 책은 쓰레기통에 버리라고까지 했습니다. 거의 완벽에 가까운 삶을 살 수 있게 만드는 격언이라고 하면서요.

가수 이적 씨의 노래 중에 〈걱정 말아요 그대〉라는 노래가 있습니다. 가사 중에 멋진 말이 있습니다. "그대 아픈 기억들, 그대 가슴에 깊이 묻어버리고 (중략) 새로운 꿈을 꾸겠다 말해요." 데일 카네기가 이 노래를 살아생전에 알았더라면 아마 애창곡이 아니었을까요.

'지나간 것은 지나간 대로' 나름 의미가 있음을 인정하는 한편으로 그렇게 지나감을 인정하면 비로소 '새로운 꿈을 꾸겠다 말'할 수 있는 기회가 온다는 걸 알려주는 멋진 노래니까요.

과거에서 살려고 버둥거리는 우리 자신을 바라볼 때마다 이 노래를 한번 불러보는 것도 인생을 살아감에 있어 꽤 근사한 처방전이 아닐까 합니다. 지나가 버린 과거? 모두 잊어버리고 현재에 집중하며 새로운 일로 옮겨갈 줄 알아야 합니다.

톱으로 우리가 켤 것은 통나무라는 사실, 그러니까 지금 우리 눈앞에 있는 그 무엇이라는 걸 마음에 새기며 마지막으로 셰익스피어의 말을 기억하길 바랍니다. "현명한 사람은 장난삼아서라도 이미 지나간 자신의 손실을 한탄하지 않는다. 오히려 그들은 힘차게 미래를 바라보며 그 손실을 배제하는 방법을 탐구한다."

걱정이 사라지는 마법의 공식, "최악의 순간을 상상하라!"

티베트 격언입니다.

"걱정해서 걱정이 없어진다면, 걱정할 게 없겠네!"

이 격언은 아무리 걱정을 해봐야 소용없으니 있는 그대로 자신에게 다가온 것을 받아들이고 마음의 평안을 찾는 게 현명하다는 지혜를 담고 있습니다. 해결될 문제라면 걱정할 필요가 없고, 해결되지 않는 문제라면 걱정해도 소용없으니 걱정거리에 짓눌려 불안해하거나 염려하지 말라는 것이죠. 말은 쉽습니다만 우리 자신의 것으로 만들기는 참 어렵습니다.

물론 근심과 염려가 많은 세상을 사는 우리에게 어느 정도 위로가 되기는 합니다. 하지만 현실이 녹록하지 않으니 문제입니다. 때로 걱정을 회피하고 외면해 보지만 눈앞의 걱정거리는 여전히 우리의 마음을 짓누릅니다. 만일 내가 사는 나라에서 전쟁의 위협이 끊이지 않는다면 어떻게 걱정이 크지 않을 수 있을까요? 내가 몸담고 있는 사회가 각종 분열과 갈등에 휩싸여 있다면 어떻게 걱정하지 않을 수 있을까요?

걱정이 마음에 가득하니 매사에 일이 손에 잡히지 않습니다. 사랑하는 누군가가 옆에 있어도 그저 불편할 뿐입니다. 주변에 있는 사람은 하나둘 떠나고 그 과정에서 또 외로움을 느끼며 인간관계를 걱정하게 됩니다. 걱정이 걱정을 만드는 악순환을 두고만 볼 수는 없습니다. 이때 데일 카네기가 우리에게 권하는, 기적과도 같은 마법의 공식으로 인생을 갉아먹는 걱정을 이겨내면 어떨까요.

1. Ask yourself, 'What is the worst that can possibly happen?'
2. Prepare to accept it if you have to.
3. Then calmly proceed to improve on the worst.

1. '일어날 수 있는 최악의 상황은 무엇인가?'를 스스로 물어보라.
2. 도저히 피할 수 없는 일이라면 최악의 상황을 받아들일 준비를 해라.
3. 그런 뒤에는 침착하게 최악의 상황을 개선하기 위해 노력하라.

위궤양을 이겨낸 건 여행이 아니라 걱정과의 이별이었다

데일 카네기가 한 사람을 소개합니다. 미국 매사추세츠주에 살았다는 얼 P. 해니(Earl P. Haney)입니다. 사업가였던 해니는 사업상의 극심한 스트레스로 심각한 위궤양에 걸려 병원에 입원합니다. 그 정도가 심해 체중이 80킬로그램에서 반으로 줄고 세 명의 의사는 그에게 불치병 선고를 내립니다. 먹을 수 있는 음식이라곤 알칼리

성 분말과 반 숟가락 정도의 밀크크림이 전부였고 간호사는 아침 저녁으로 그의 위에 고무관을 집어넣고 배 속의 것을 빼냅니다.

그는 생각합니다. '이렇게 죽음 말고 기대할 게 아무것도 없다면 이제부터 남은 시간을 마음껏 이용해 보는 건 어떨까? 나는 세계 일주를 하고 싶었어. 지금이야말로 그것을 실행할 때가 아닌가!'

그는 의료진에게 세계 일주를 떠나겠다고 통보하고 아시아로 향하는 배에 몸을 싣습니다. 위장을 세척하고, 알칼리성 분말만을 복용하는 데서 벗어나 이국의 낯선 음식을 거리낌 없이 먹기 시작합니다. 심한 풍랑을 마주하고 태풍에 휘말리기도 했으나 설마 죽을까 하는 모험심으로 오히려 다가오는 공포에 묘한 쾌감까지 느끼며 여행을 만끽합니다.

중국 그리고 인도에 도착해 그는 빈곤과 기아를 목격합니다. 이를 본 해니는 사업상의 일들은 아무것도 아닌 하찮은 일이라는 걸 깨닫습니다. 이때부터 그는 부질없는 걱정을 잊게 됩니다. 미국으로 다시 돌아온 그가 얻은 건 위궤양 따위는 언제 앓았느냐 싶을 정도의 건강이었습니다. 사업상의 걱정은 그에게 남의 일이 됩니다.

불치병을 이겨낸 건 무엇이었을까요. 여행이었습니까? 아닙니다. 그 여행을 떠나게 된, 걱정과의 이별이 시작이었습니다. 참다운 마음의 평화는 최악의 사태를 감수하는 데서 얻어지며, 이는 심리학적으로 에너지의 건강한 해방을 의미한다는 걸 해니가 깨달으면서 불치병 선고를 극복하고 건강한 몸을 되찾게 된 것입니다. 만약 그가 불치병이라는 용어에 분노의 소용돌이에 빠져 자신의 삶을 학대했다면 어떻게 되었을까요.

에어컨 분야의 개척자,
윌리스 H. 캐리어가 제안한 걱정을 해결하는 마법의 공식

에어컨 분야의 개척자로 불리는 윌리스 H. 캐리어(Willis Haviland Carrier)라는 사람이 있습니다. 그는 한 공장에서 큰 실수를 한 경험을 토대로 '걱정을 해결하는 마법의 공식'을 만들어냅니다. 걱정이 일상을 망가트리는 것을 알아채고 걱정을 이겨내기 위한 3단계의 해결 방법을 찾아낸 겁니다. 그 마법의 공식은 이러했습니다.

1단계: 상황을 냉정하게 분석하되 실패의 결과로 일어날 수 있는 최악의 경우를 예측한다.

2단계: 일어날 수 있는 최악의 상황을 예측한 다음 기꺼이 감수하기로 마음먹는다.

3단계: 마음으로 받아들인 최악의 사태를 조금이나마 개선하기 위해 시간과 노력을 집중한다.

그는 공장에서 큰 실수를 합니다. 하지만 최악의 경우라고 하더라도 '설마 사살(射殺)당할까?'라고 생각합니다. 최악의 경우라고 해봐야 직장을 잃는 게 전부임을 알아차린 겁니다. 애써 손질하던 기계가 버려지는 상황도 있겠으나 그렇다고 그가 죽을 이유는 없었습니다. 상황이 가장 나쁜 방향으로 흘러도 회사에서 쫓겨나는 게 전부였습니다.

그리고 그는 생각합니다. '실직하게 되더라도 새로운 일자리를 다시 구하면 되는 거 아닌가. 물론 고용 조건이 더 나쁠지는 모르겠지만, 그래봐야 그게 다가 아닌가. 내가 돈을 투입해서 애정을 갖고 연구하던 기계? 그거야 성장을 위한 연구비라고 생각하면 되는 거 아닌가?'

그는 기계에 투입한 비용 손실을 조금이라도 줄이는 방법을 찾기 시작합니다. '그냥 버려지는 말고 여기에 조금의 돈을 더 들여

기계를 개선해 보자.' 얼마의 돈을 더 투입해 기계를 개선한 그는 이후 오히려 더 큰 돈을 벌어들입니다. 고민하면서 끊임없이 마음이 흔들리게 내버려 두기보다는 최악의 사태를 받아들이기로 마음먹고 온갖 불투명한 생각을 버림으로 얻은 결실인 것입니다.

캐리어는 말합니다. "최악의 경우를 예측하고 그것을 감수하기로 한 순간 정말 큰 변화가 일어났다. 걱정은 사라지고 마음이 홀가분해져 지금까지 경험하지 못한 안도감을 맛볼 수 있었다. 계속 걱정만 하고 있었더라면 문제는 당연히 해결할 수 없었을 것이고 나는 다른 그 아무것도 하지 못했을 것이다."

걱정은 우리의 마음을 뒤흔듭니다. 흔들리는 마음으로는 새로운 무엇인가를 위한 결단이 불가합니다. 하지만 최악의 사태를 받아들이기로 마음먹으면 온갖 불투명한 생각은 사라지고 새로운 문제에 당당히 나아갈 수 있습니다. 그렇게 우리의 삶은 걱정에서 그리고 고민에서 해방됩니다. 마음 편히 일어난 일을 받아들이는 것만으로도 온갖 불행을 이겨내는 첫 단계가 되는 겁니다. 이제 걱정과 승부를 볼 준비가 되셨습니까?

오늘 하루 삶의 기쁨을 충만하게 누릴 수 있는
3가지의 다짐

- 첫째, 오늘만은 행복하게 지내리라. 링컨은 말했다. "사람은 행복해지려고 결심한 만큼 행복해진다." 이 말은 진리다. 행복은 내부에서 오는 것이지, 외부에서 오는 것이 아니다.

- 둘째, 오늘만은 유쾌하게 지내리라. 되도록 활발하게 보이고, 가능하면 어울리는 복장을 한 후 조용히 이야기하고, 예의 바르게 행동하며, 마음껏 남들을 칭찬해 보겠다.

- 셋째, 오늘만은 두려워하지 않으리라. 특히 행복해지는 것을 두려워하지 않고, 사랑하는 것을 겁내지 않으며, 내가 사랑하는 이들이 나를 사랑해 줄 것이라 굳게 믿으리라.

3장

나를 잃지 않고
내 모습대로
사는 법

●

밖으로 나갈 때마다 턱을 안으로 당기고 머리를 꼿꼿이 세운 다음
숨을 크게 들이마셔라.
햇살을 바라보며 친구를 미소로 맞고, 악수할 때마다 정성을 다해라.
오해받을까 두려워 말고,
적에 대해서 생각하느라고 단 1분 1초도 허비하지 마라.

일단
체면을 살려줘야
관계가 발전한다

프랑스의 전설적인 작가 생텍쥐페리(Antoine Saint Exupery)의 말입니다. "세상 그 누군가에게 그 자신을 과소평가하도록 만드는 말이나 행동을 할 권리가 우리에게는 없다. 무엇보다 중요한 것은 내가 그 사람을 어떻게 생각하느냐가 아니다. 그가 그 자신을 어떻게 생각하느냐다. 사람의 존엄성에 상처를 주는 것은 죄악이다."

부하가, 자녀가 그리고 후배가 무엇인가를 잘못했습니다. 그때 혹시 동료들이 보는 앞에서, 형제자매가 있는 옆에서, 후배 친구들이 있는 곳에서 망신을 준다면 과연 그들은 우리에게 어떤 마음을 갖게 될까요. 설령 우리의 말이 백 퍼센트 옳고 그들이 백 퍼센트 틀렸다고 하더라도, 그 사람이 체면을 잃게 되면 그의 자존심에 상처를 주게 되고 결국 인간관계는 끝이 납니다.

데일 카네기도 이를 중요하게 여겼습니다. 인간관계에 있어서, 특히 세상을 이끌어가고자 하는 사람이라면 반드시 행해야 할 덕목을 이렇게 말했습니다.

Let the other person save face.
상대방의 체면을 세워주어라.

멀쩡한 사람을 쓸모없는 사람으로 만드는
아주 쉬운 방법에 대해

사람의 체면을 세워주는 일! 이것만큼 중요한 일이 없습니다. 하지만 우리는 누군가의 체면을 세워주는 일에 관심이 없습니다. 오히려 상대방의 자존심에 가해지는 상처 따위는 아랑곳하지 않고, 그들의 감정을 짓밟으며 내 주장만 내세웁니다. 주변에 제삼자 있는 상황에서조차 상대방의 체면은 고민하지 않은 채 일방적으로 꾸짖습니다.

데일 카네기는 펜실베이니아에 있는 한 공장에서 일어난 일을 사례로 듭니다. 어느 날 생산 공정 관련 회의가 열립니다. 부사장이 생산 감독자 한 사람에게 날카로운 질문을 합니다. 생산 감독자가 대답을 머뭇거립니다. 부사장은 윽박지르며 과거의 잘못까지 모두 끄집어냅니다. 생산 감독자는 동료들 앞에서 무안을 당하기 싫어 대답을 흐렸고, 부사장은 더욱 화가 나서 그 생산 감독자를 거짓말쟁이로 몰아세웁니다.

그 이후에는 어떤 일이 벌어졌을까요. 생산 감독자가 자신의 부족함을 느끼고 심기일전해 그다음부터는 업무를 깔끔하게 처리하고, 한편으로 역량도 쌓으면서 회사에서 인정받는 사람이 되었을까요? 데일 카네기는 그 정반대였다고 말합니다. "그 순간 부사장과 생산 감독자 사이의 신뢰감은 모조리 파괴되었다. 그전까지만 해도 일 잘한다고 소문났던 생산 감독자는 그 일 이후로 전혀 다른 사람이 되어버렸다. 쓸모없는 사람이 되어버린 것이다. 결국 그 생산 감독자는 몇 달 후 회사를 그만두고 경쟁사로 이직했다. 이직 후에 그는 경쟁사에서 최고의 성과를 냈다."

생산 감독자를 윽박지르던 부사장이 얻은 게 무엇일까요? 인재를 뺏겼고 당장 생산 공정에 차질을 받게 되었습니다. 회의 시간, 그 짧은 순간의 질책으로 인해서 말입니다. 우리 주변에서는 이런 일이 어제도, 오늘도 그리고 내일도 일어났고 또 일어날 것입니다. 실제로 상대방의 체면을 살려주지 않을 때 벌어지는 일은 생각보다 문제가 큽니다. 다음과 같은 문제가 생깁니다.

첫째, 상대방의 기분이 상합니다. 체면은 사람의 자존감과 밀접한 관련이 있기 때문입니다. 둘째, 상대방과의 관계가 어려워집니다. 상대방의 체면을 살려주지 않는 건 상대방을 존중하지 않는 것과 같기 때문입니다. 셋째, 상대방의 협조를 얻기 어렵습니다. 체면을 살려주지 않으면 상대방은 나를 신뢰하지 않고 협조하기를 꺼리는 게 당연합니다.

상대방의 체면을 살려줘야 합니다. 그래야 그다음 단계의 발전된 인간관계가 가능합니다. 아직도 상대방의 체면 따위는 고민하지 않는다? 그 이후의 결과는 상상에 맡기겠습니다.

체면을 지켜주면서
우아하게 해고하는 법

직원을 해고하는 일은 괴로운 일입니다. 여러 가지로 어렵기도 하고요. 데일 카네기는 한 공인회계사로부터 비즈니스 환경에서 어쩔 수 없이 직원을 해고하는 상황에서 해야 할 하나의 스킬을 얻게 됩니다. 그 공인회계사는 다음의 두 가지 중 해고 당사자에게 어떤 말로 해고 통보를 시작해야 할지 먼저 골라보라고 합니다.

❶ "홍길동 씨, 여기 앉으세요. 이제 세금 철도 끝났고 당신이 해야
할 일도 없어졌습니다. 하기야 여기 들어오실 때부터 바쁜 한 철 동
안 고용되었음을 이미 짐작은 하셨겠지만…."

❷ "홍길동 씨, 여기 앉으세요. 그동안 일을 참 잘해주셨습니다. 지난 출장 때 맡았던 일은 어려운 과제였습니다. 훌륭하게 일을 처리해 주셔서 회사는 홍길동 씨를 자랑스럽게 생각합니다. 능력이 그렇게 뛰어난 분이니 어디에서나 어떤 일이나 잘하실 겁니다. 우리 회사는 당신의 능력을 잘 알기에 항상 당신을 성원하고 있다는 걸 기억해 주세요."

①처럼 말을 시작하면 듣는 사람은 일단 실망과 함께 '버림받은 느낌'을 갖게 됩니다. 그들은 회사를 나가서도 자신을 쫓아낸 회사를 평생 저주할 겁니다. 좋은 감정을 가질 리는 전혀 없습니다. 회사는 결국 한 명의 적을 만든 것이나 다름없습니다. 그런데도 굳이 이렇게 말을 시작해야 할까요. 나도, 상대방도 모두 패배자가 되는 말임에도요.

②처럼 말을 시작하면 해고의 상대방 역시 어느 정도 자신의 마음을 다독일 수 있습니다. 해고를 당했다고 하더라도 자신의 역량을 인정해 준 회사 담당자의 말 한마디로 버림받았단 기분까지는 느끼지 않을지도 모릅니다. 언젠가 회사가 그들을 다시 필요로 할 때, 다시 고용하려 할 때도 흔쾌히 입사하지 않을까요.

데일 카네기의 말입니다. **"설령 우리가 옳고 상대편이 분명히 잘못했다고 하더라도 그 사람의 체면을 잃게 만들면 그건 곧 그 사람의 자존심에 깊은 상처를 남기게 되는 것이다."**

우리가 옳은 것을 확인했습니다, 하지만 상대방의 마음에 깊은 상처를 남겼다면 과연 우리가 원하는 결론일까요? 아닐 겁니다. 이제 우리가 해야 할 원칙이 다시 한번 분명해졌습니다.

"상대방의 체면을 세워주어라!"

백만 달러보다 가치 있는 것, '멋진 첫인상'

초두효과(初頭效果)라는 말이 있습니다. 심리학에서 나온 말로 처음 제시된 정보 또는 인상이 나중에 제시된 정보보다 기억에 더 큰 영향을 미치는 현상을 말합니다. 초두효과에 의하면 인간관계에도 가장 큰 영향을 미치는 건 '첫인상'입니다. 사람들은 처음 만날 때 상대방에게 든 느낌과 기분으로 그 사람을 대하는 태도를 결정합니다.

첫 만남에서 욕을 하거나 폭력을 행사하는 등 나쁜 모습을 보이면 '저 사람은 나쁜 사람인가 보다'라고 생각하게 되는데 이 생각은 나중에 그 사람이 착하게 행동해도 쉽게 변하지 않습니다. 사람 사이에 있어서 "첫인상이 중요하다"라는 말이 나오는 이유입니다. 실제로 첫 만남에 좋은 점수를 얻으면 그다음 만남은 순탄한 경우가 많습니다.

어떻게 해야 인간관계의 미래를 결정짓는 우리의 첫인상을 괜찮게 디자인할 수 있는 걸까요. 데일 카네기는 'A Simple Way to Make a Good First Impression(멋진 첫인상을 만드는 가장 쉬운 방법)'을 고민하는 우리에게 딱 세 글자로 -알파벳으로는 다섯 글자로- 조언합니다.

Smile.
웃어라.

웃을 줄 모르면
장사해서는 안 된다

데일 카네기는 옛날 중국인들이 지혜로웠다고 생각합니다. 그래서 중국의 격언 등에 관심이 많았나 봅니다. 데일 카네기는 중국인들의 금쪽같은 말 중에서 현대의 우리가 반드시 기억해야 할 것을 찾아냅니다. 바로 이 말입니다. "웃지 않는 사람은 장사해서는 안 된다." 지나친 말처럼 들립니다. 하지만 실제로 웃을 줄 모르는 사람이 장사해서는 안 되는 이유는 얼마든지 있습니다. 예를 들어볼까요.

첫째, 고객에게 좋은 인상을 주지 못합니다. 웃음은 친근함과 친절함을 표현하는 방법입니다. 웃을 줄 모르는 사람은 고객에게 차갑고 무뚝뚝한 인상을 줍니다.

둘째, 고객과의 소통이 어려워집니다. 웃음은 의사소통의 한 방법입니다. 웃음을 통해 사람들은 감정과 생각을 공유하고 관계를 형성합니다. 웃을 줄 모르는 사람은 고객과의 소통이 원활하지 않아 고객의 니즈를 파악하고, 고객을 만족시키기 어렵습니다.

셋째, 긍정적인 분위기를 조성하지 못합니다. 웃음은 긍정적인 에너지를 전달하는 방법입니다. 웃을 줄 모르는 사람은 부정적인 분위기를 조성해 고객이 매장에 들어와도 결국 쇼핑 경험을 꺼리게 만듭니다.

웃음은 장사를 하는 사람에게만 필요한 태도일까요? 아닙니다. 데일 카네기는 장사를 하는 사람만이 아니라 그 사람으로부터 무엇인가를 사려는 사람에게도 웃음이 필요함을 강조합니다. 그리고 이런 사례를 듭니다.

미국에도 진상 고객은 있었나 봅니다. 미국 뉴욕에 있는 한 백화점에서는 크리스마스 동안 수많은 진상 고객에게 시달리는 판매원들을 보호하고자 하는 마음에서 다음과 같은 광고를 냅니다.

[크리스마스에 보내는 미소의 가치]

미소는 아무런 대가를 치르지 않고서도 많은 것을 이루어냅니다. 미소는 받는 사람의 마음을 풍족하게 해주지만, 주는 사람의 마음을 가난하게 만들지는 않습니다. 미소는 순간적으로 일어나지만, 미소에 대한 기억은 영원히 지속됩니다.

(중략)

크리스마스 쇼핑의 혼잡 때문에 저희 판매원 중 누군가가 너무 지친 나머지 미소를 보내드리지 못했다면, 그들에게 당신의 미소를 보내주시지 않겠습니까? 너무나 많은 미소를 준 나머지 더는 미소를 보낼 여유가 없는 이들이야말로 그 누구보다도 미소가 필요하기 때문입니다.

참 멋진 백화점입니다. 백화점 구성원의 감정을 돌보는 건 물론 각박한 사회에서 웃음을 잃어가는 고객에게도 인생에 필요한 화두를 편하게 제시했으니까요. 맞습니다. 웃지 못하면 장사를 하지 못하는 데서 그치는 게 아닙니다. 웃지 못하는 손님이 되어서도 곤란합니다. 웃을 줄 아는 사람만이, 상대방에게 따뜻한 미소를 보낼 줄 아는 사람만이 물건을 팔 수도 있고 또 물건을 살 수도 있는 것입니다.

물건을 사고파는 데도 일종의 '자격'이 있습니다. 데일 카네기의 말에 따르면 그 자격은 "웃어라"입니다. 이제 웃지 못하는 당신을 발견했다면, '웃음 자격증'이 없는 당신이라면, 사지도 또 팔지도 마십시오.

오해받을까 두려워 말고
악수할 때마다 정성을 다한다

어떻게 웃어야 할까요. 데일 카네기는 상대방에게 환한 미소를 주기 위해 먼저 다가서라고 합니다. 누군가가 다가와서 웃기 전에 우리가 먼저 상대방에게 다가가서 웃어야 한다는 것입니다. 다른 사람이 먼저 우리에게 접근해 줄 것이라고 기대하지 말아야 합니다. 오히려 먼저 상대방에게 다가서서 인사하고 또 웃어줄 수 있어야 합니다.

먼저 다가서는 건 용기입니다. 이 용기를 지닌 우리는 당당해져야 합니다. 예를 들어 상대방에게 다가가서 악수를 청하는 경우라고 해볼까요. 우리의 첫인상이 결정되는 순간이기에 해야 할 일이 있습니다. 데일 카네기는 이렇게 조언합니다. **"밖으로 나갈 때마다 턱을 안으로 당기고 머리를 꼿꼿이 세운 다음 숨을 크게 들이마셔라. 햇살을 바라보며 친구를 미소로 맞고, 악수할 때마다 정성을 다해라. 오해받을까 두려워 말고, 적에 대해서 생각하느라고 단 1분 1초도 허비하지 마라."**

데일 카네기의 말을 듣고 문득 지금까지 해왔던 악수 장면을 돌이켜봅니다. 아쉽습니다. 손을 맞잡는 둥 마는 둥 자신 없는 모습으로 상대방을 대했습니다. 어색한 미소와 함께 말이죠. 이제 악수 하나만큼은 잘할 수 있을 것 같습니다. 사실 악수는 누군가를 처음 만났을 때 그리고 헤어질 때 하는 행동 중 하나입니다. 늦었지만 악수의 효과를 알아채고 또 잘 해내고 싶습니다.

악수를 통해 사람들은 서로에게 호감을 느끼고, 친밀감을 형성하게 됩니다. 악수 한 번에도 정성을 다해야 할 이유입니다. 우리가 원하는 것은 무엇입니까. '좋은 첫인상'을 형성하는 것입니다. 악수를 할 때도 정성껏 친절하게, 그러면서도 당당하게 한다면 상대방에게 신뢰할 수 있는 사람이라는 인상을 심어줄 수 있습니다. 이럴 때 우리와 상대방과의 관계는 돈독해집니다. 악수를 통해 관심과 존중을 표현한 것입니다.

여전히 악수의 기술에 대해 고민이 있다면 다음의 지침을 참고하기 바랍니다.

- 눈을 마주치세요. 눈을 마주치면 상대방에게 진심 가득한 관심을 표현할 수 있습니다.
- 미소를 지으세요. 미소를 지으면 친절하고 따뜻한 인상을

심어줄 수 있습니다.

- 약간의 힘을 주세요. 너무 약하거나, 너무 강한 악수는 상대방에게 불쾌감을 줄 수 있습니다.

- 상대방의 눈높이를 맞춰주세요. 상대방과 눈높이를 맞추면 존중의 마음을 표현할 수 있습니다.

- 악수는 일상생활에서 흔히 하는 행동이지만, 그 의미는 매우 중요합니다. 악수를 정성껏 하며 좋은 인상을 심어주고, 관계를 돈독하게 만들고, 긍정적인 분위기를 조성할 수 있습니다.

악수는 사람과 관계를 형성하고, 유지하는 데 중요한 역할을 합니다. 악수를 잘하는 것은 좋은 인상을 심어주고, 관계를 돈독하게 만들며, 긍정적인 분위기를 조성하는 데 도움이 됩니다. 다만 과하면, 또 잘못하면 문제가 됩니다. 다음을 유의해야 합니다.

- 손을 씻고 악수하세요. 깨끗한 손으로 악수하는 건 상대방에 대한 예의입니다.

- 손을 너무 꽉 잡지 마세요. 너무 꽉 잡으면 상대방에게 불

쾌감을 줄 수 있습니다.

- 손을 너무 오래 잡지 마세요. 너무 오래 잡으면 상대방에 게 부담을 줄 수 있습니다.

혁명적인 생활의 변화를 원합니까? 멋진 첫인상을 상대방에게 남기고자 합니까? 그렇다면 우선 웃으세요. 미소를 남기세요. 그리고 악수 하나를 하더라도 정성을 다하세요. 따뜻한 미소 그리고 정성 가득한 악수는 당신의 태도이자 당신 자체가 됩니다. 웬만한 말보다도 인간관계에 있어 더 큰 설득력을 가집니다. 이렇게 말이죠. "나는 당신을 좋아합니다. 당신은 나를 행복하게 만듭니다. 만나게 되어 정말 반갑습니다."

세상 모든 사람이 나를 즉시 좋아하게 만드는 방법

철학자들은 수천 년에 걸쳐 인간관계 법칙을 연구해 왔는데 그 가운데서 오직 한 가지 중요한 것을 발견했다. '그것'은 새로운 것이 아닌, 인류의 역사만큼이나 오래된 것이다.

2,500년 전 페르시아에서 조로아스터는 '그것'을 추종자들에게 가르쳤고, 24세기 전 중국의 공자 역시 '그것'을 제자들에게 강의했다. 도교의 시조인 노자는 《도덕경》을 통해 '그것'을 말했고, 그리스도 탄생 500년 전 석가모니는 갠지스강 기슭에서 '그것'을 설교했다. 이 세상을 살아가는 인간에게 가장 중요한 법칙인 '그것'은 무엇인가.

"남에게 대접받고자 하는 대로 남을 대접하라!"

불행을
마주하는
자세

일상의 어느 시점에 문득 불안함이 다가옵니다. 실제로 문제가 생기고 어려움이 닥칩니다. 그때 우리는 비명 한 번 지르지 못하고 흔들립니다. 그렇게 우리의 인생에 불행을 초대합니다. 하지만 우리는 행복해야만 합니다. 우리의 인생에 불행을 허락하는 일이 있어서는 안 됩니다. 이때 우리에게 필요한 건 마음가짐을 단단히 하는 것부터입니다.

문제가 발생했을 때, 불행이라고 생각한 것이 다가왔을 때, 두려워하지 않았으면 합니다. 불행을 발판으로 인생의 전환점을 맞이하려는 용기를 냈으면 합니다. 불행은 내 것이지만 그 불행을 행복으로 만드는 것도 내 몫입니다. 희망 가득히 다부지게 용기를 내면 두렵고 슬픈 존재로 떨어지는 자신을 의미 있는 존재로 변화시킬 수 있을지도 모릅니다.

불행을 마주했을 때 분노나 후회의 감정에 휩싸이거나 불안이나 두려움만 가득하다면 우리는 행복과는 멀어집니다. '불행이 찾아왔을 때 어떻게 해야 할까'에 대한 답을 스스로 가지고 있어야 합니다. 모호하다면 데일 카네기의 문장을 기억해 두는 것도 괜찮겠습니다.

If you have a lemon, make a lemonade.
운명이 레몬을 주었다면 그것으로 레모네이드를 만들어라.

레몬을 받았다면
그것으로 레모네이드를 만든다

데일 카네기는 인간관계나 기타 여러 문제의 스트레스로 고통받는 사람들을 위해 책을 쓰던 중 시카고대학교 총장을 만나게 됩니다. 그에게 묻습니다. "어떻게 걱정을 처리하십니까?" 그의 대답은 데일 카네기가 죽을 때까지 마음 속에 품는 스트레스에 대한 해결책이 됩니다. "나는 '레몬이 있으면 그것을 레모네이드로 만들어라'라는 말을 늘 명심하고 있네."

참고로 영어에서 레몬은 단순히 과일을 뜻하는 것만이 아니라 다양한 뜻으로 활용됩니다. 다만 다소 부정적인 뜻으로요. 예를 들어, "The phone is a lemon"은 "그 전화기는 불량품이야"라는 뜻이고, "You are a lemon"은 "넌 쓸모없는 놈이야"라는 의미를 지닌다고 합니다. 지금 우리가 살펴보는 문장에서는 '엉망인 상황', '고통', '불행' 등의 의미라고 생각하면 적절할 듯합니다.

데일 카네기는 어리석은 사람은 이와 정반대로 행동한다고 생각합니다. 즉, 인생이 누군가에게 레몬을 주었을 때 '나는 패배했어. 이게 운명이야. 이제 기회는 없어!'라고 한탄한다면 그는 어리석은 사람이라는 겁니다. 현명한 사람이라면 이와 정반대로 생각한다는 것이죠. 이렇게 말입니다. "이 불행에서 어떤 교훈을 배울 수 있을까? 어떻게 하면 이 상태를 개선할 수 있을까? 어떻게 하면 이 레몬과 같은 상황을 레모네이드로 만들 수 있을까?"

위대한 심리학자인 알프레드 아들러(Alfred Adler) 역시 비슷한 말을 합니다. "인간의 가장 놀랄 만한 특성 중 하나는 마이너스를 플러스로 바꾸는 힘을 갖고 있다는 사실이다." 물론 갑작스러우면서도 심각한 불행에 우리는 레몬을 레모네이드로 바꾸려는 의욕조차 내지 못할지도 모릅니다. 하지만 데일 카네기는 그럴 때라도 일단 무엇인가 해야 할 두 가지 이유를 떠올리라고 합니다. 시도한다면 이득이 있을 뿐, 손해 볼 일은 없는 두 가지입니다.

첫째, 우리는 어쩌면 성공할지도 모른다.

둘째, 설령 성공하지 못한다 해도, 마이너스를 플러스로 바꾸고자

하는 시도만으로도 뒤를 돌아보지 않고 앞을 바라보게 만든다.

데일 카네기는 미국 전역에 있는 모든 초등학교 교실에 다음의 문장을 걸어놓고 싶다고 했습니다. **"인생에서 가장 중요한 일은**

**손실에서 이익을 얻는 것이다. 그러려면 지혜가 필요한데, 이 점
이 분별 있는 사람과 바보의 차이를 만든다.”**

불행이 다가왔습니까. 당신은 분별 있는 사람이 되겠습니까, 아
니면 바보가 되겠습니까.

마이너스를 플러스로 바꾸는
빛나는 인생의 주인공이 되는 법

한 여성이 직업군인인 남편을 따라 사막 근처의 형편없는 오두막
에서 살게 되었습니다. 어느 날 남편은 훈련을 위해 집을 떠납니
다. 살인적인 무더위에 허름한 집, 거기에 주변에는 말도 잘 통하
지 않는 외국인들만 가득한 상황이었습니다. 모래바람 때문에 밖
에 나가면 호흡조차 힘들었습니다. 신세 한탄만 나오는 상황, 슬픈
마음을 가득 담아 부모님께 편지를 씁니다. “이런 곳에서 사느니
감옥에 가는 편이 낫겠어요. 못 참겠어요. 짐 싸서 집으로 갈래요.”
이에 대한 아버지의 회신은 단 두 줄뿐이었답니다.

"두 사나이가 감옥에서 조그만 창문을 통해 밖을 바라보았다.

한 사람은 진흙탕을, 다른 한 사람은 별을 보았다."

아버지가 보낸 편지를 읽고 그는 부끄러움을 느낍니다. 그는 현명한 사람이었습니다. 아버지의 조언을 자기의 것으로 만들려고 합니다. 우선 현재의 상태에서 어떻게 해서든지 좋은 점을 찾기로 결심합니다. 사막 밤하늘에 뜬 별을 찾아보고, 사막 끝 낙조에 감동하며, 말이 안 통하던 원주민과 친구가 됩니다. 사막에서 살아가는 식물을 연구했고, 그 지역의 전통 원단이나 도자기에 흥미를 느낍니다. 그렇게 자신의 생활을 충만하게 설계해 나갑니다.

그리고 결국 무엇인가를 이뤄냅니다. 그의 이야기입니다. "도대체 무엇이 저를 변화시킨 걸까요? 사막은 변함이 없고, 원주민도 그대로였습니다. 그렇습니다. 제가 변한 겁니다. 저의 마음가짐이 달라진 거였죠. 저는 비참한 상황을 제 생애에서 가장 즐거운 모험으로 바꿔냈습니다. 새롭게 발견한 세계에 자극받아 감동할 수 있었고, 이런 감동을 통해 그리고 제가 겪은 경험을 통해《빛나는 성벽》이라는 소설을 썼습니다. 저는 감옥 창문을 통해 별을 찾아낸 것입니다."

"행복은 대개 쾌락이 아니라 승리다"라는 말이 있습니다. 행복은 레몬을 레모네이드로 바꾸는, 승리의 결과에서 오는 기쁨입니다. 니체는 '초인(超人)'을 설명하면서 "궁핍을 참고 견딜 뿐만 아니라, 그것을 사랑하는 자가 초인이다"라고 했다는데 이 모든 것은 레몬을 레모네이드로 바꿀 때 우리가 인생에서 승리자가 된다는 것과 같은 뜻이 아닐까 합니다.

데일 카네기는 말합니다. "베토벤은 귀가 들리지 않았기에 더 훌륭한 작곡을 했다. 헬렌 켈러는 눈이 멀고 귀가 들리지 않고 말을 하지 못한다는 삼중고가 있었기에 위대한 생애를 이루어냈다. 차이콥스키가 비극적인 결혼으로 자살까지 생각하지 않았더라면 그는 불후의 명곡인 〈비창〉을 작곡할 수 없었을지도 모른다. 톨스토이 역시 가난한 생활이 없었다면 절대 걸작을 쓸 수 없었을 것이다."

데일 카네기의 지나친 해석으로 들린다고요? 그렇다면 찰스 다윈의 이 말은 어떠합니까. "만일 내가 심각한 병에 걸리지 않았더라면, 그처럼 많은 일을 성취할 수 없었을지도 모른다."

스칸디나비아에는 "폭풍이 바이킹을 만든다"라는 속담이 있답니다. 폭풍이 바이킹을 만드는 것처럼 불행이 우리를 위대하게 만든다는 말입니다.

자기 연민에 빠진 인간은 푹신한 침대 위에 누워 있어도 자신을 가련하게 여긴다고 합니다. 하지만 우리는 우리에게 다가오는 운명에 대해 스스로 책임을 지면서 당당하게 마주해야 합니다. 어려운 상황이 닥쳤을 때 그것에 굴복하지 않고 잘 이겨내는 사람, 그런 인생을 두고 데일 카네기는 말합니다. **"그러한 것은 단순한 인생이 아니다. 어쩌면 인생 그 이상인 것이다. 빛나는 인생이다."**

마이너스를 플러스로 바꾸는 당신이 되기를 기대합니다.

2주 만에
우울함이
사라지는 법

모두가 우울한 자기 착취의 시대라고 합니다. 청소년 우울증이 급
증하고 있다니 걱정입니다. 세상은 예측 가능한 속도를 뛰어넘어
발전하고 있으나 그렇게 빠른 발전을 따라가는 게 어려워져서 그
런 걸까요. 세상은 저 앞으로 나아가고 있는데 정작 나 자신이 설
자리는 점점 없어져서 불안해지고 불안이 계속되니 어느새 우울

로 변하는 겁니다.

누군가는 지금이 '제정신으로 살기 힘든 시대'라고 합니다. 이런 시대에 우울하지 않다면 이상한 것이라고까지 합니다. 자기만의 속도로는 살아남기 힘든 세상이기에, 앞사람이 일어나면 뒷사람도 덩달아 일어나야 하는 상황이기에, 힘들고 어렵다는 말도 일리가 있습니다. 경쟁의 극한에 몰려 친한 친구를 짓밟고 올라가야 하는, 친구에게 곁을 내주기조차 힘든 잔인한 시대이니까요.

답답합니다. 꽉 막혀 탈출구조차 없습니다. 그래서인지 우울은 수시로 우리를 찾아옵니다. 수시로 찾아오는 우울을 잘 다루지 못하다 보니 문득 우울함에 빠져 허덕대는 자신을 발견합니다. 약을 먹고 상담을 받지만 늘 그 모양 그대로인 경우도 허다하고요. 어떻게 해야 할까요. 데일 카네기에 물어볼까요. 과연 우울증에도 데일 카네기가 해결책을 줄 수 있을까요.

있답니다. 예상외로 데일 카네기의 처방전은 단순했습니다. 현대인의 중병(重病)이 된 이 우울함을 2주 만에 치료할 수 있다고까지 합니다. 정말일까요. 일단 데일 카네기의 말을 들어보겠습니다.

매일 어떻게 하면
남을 기쁘게 해줄 수 있을까를 생각한다

데일 카네기는 위대한 정신과 의사였던 알프레드 아들러가 발표
한 보고서를 기초로 우울함을 2주 만에 고치는 법을 제안합니다.
그 방법은 단 한 문장입니다. "매일 어떻게 하면 남을 기쁘게 해줄
수 있을까를 생각한다."

　'누군가를 매일 기쁘게 하는 것'과 '나의 우울함을 해소하는 것'
이 어떻게 반비례의 관계를 이룰 수 있는 걸까요. 데일 카네기는
알프레드 아들러의 저서에서 발견한 내용을 토대로 우울감이란
타인에 대한 장기적이고 계속된 분노, 비난과 같은 성질임을 알아
냅니다. 참고로 아들러는 우울감을 다루는 1단계는 '하고 싶은 것

은 하고, 하고 싶지 않은 것은 하지 않는 것'이라고 말합니다. 영화를 보고 싶으면 영화를 보고, 놀러 가고 싶으면 놀러 가야 한다는 것이죠. 무엇이든 하는 게 싫으면? 하지 않으면 됩니다.

1단계에 대한 합의와 실행이 이루어지고 나면 이제 2단계가 남습니다. 데일 카네기가 인용한 아들러의 말에 의하면 2단계가 시작된 후 14일 후에 우울감이 사라지는데 그 시작은 '어떻게 하면 남을 기쁘게 할 수 있을까를 생각하는 일'입니다. 이것이 중요합니다. 남에 대한 불만과 짜증만이 남아서는 절대 우울감은 치유되지 못하기 때문입니다.

아들러는 우울로 가득한 사람들일지라도 그들이 사회에 대해 긍정적인 관심을 지니게 되는 순간, 그로 인해 다른 사람과 평등하고 협조적인 태도로 공존할 수만 있다면 우울증은 그 즉시 완쾌된 것이나 다름없다고 합니다. 이를 위해서 가장 쉽게 할 수 있는 것은 '남을 기쁘게 하라'는 것입니다. 남을 기쁘게 할 줄 알아야 나의 우울감이 치유된다는 것입니다.

인간에게 가장 중요하게 요구되는 건 다른 사람을 위해 더 나은 협조자가 되고, 모든 사람의 친구가 되며, 연애와 결혼을 통해 멋진 반려자가 되는 것이라고 아들러는 덧붙입니다. 남의 얼굴에 미소 짓게 하는 사람이야말로 사회적 관계를 잘 해내는 이들이고 그렇게 할 줄 아는 사람에게는 우울감이란 절대 남아 있을 수 없는 그 무엇이라는 것입니다.

궁금합니다. 어째서 매일 좋은 일을 행하는 것이, 매일 누군가를 기쁘게 하는 것이, 어떻게 그 행위를 한 사람에게 그토록 멋진 영향을 주는 것일까요? 단 14일만 다른 사람에게 좋은 일을 하는 것만으로도 한 사람을 그토록 괴롭혔던 우울이 사라진다는 게 선뜻 믿어지지 않습니다. 하지만 데일 카네기는 확신에 차 있습니다. **"당연하다. 그것은 남을 기쁘게 함으로써 번뇌나 두려움 그리고 우울의 원인이 되는 자기 자신의 고민을 생각하지 않게 되기 때문이다."**

이제야 이해가 됩니다. 데일 카네기의 말에 따르면 나 자신을 행복하게 만들고 싶다면 우선 남을 행복하게 해줄 필요가 있는데 주는 것은 결국 받는 것이기에 행복을 주면 행복을 받게 된다는 겁니다. 더 나아가 행복은 전염이 된다고 하네요. 행복의 전염, 말만 들어도 아주 기분 좋은 전염입니다. 하지만 다른 사람에게 불행을 주게 되면? 그렇습니다. 그건 다시 나에게 불행으로 돌아옵니다.

데일 카네기는 심리학자 칼 융(Carl Jung)의 말로 자신의 논리를 강화합니다. 우리가 당연히 해야 하는 것을 하지 않아서 불행해지는 이유를 설명하는데 칼 융은 이렇게 말했다고 합니다. "인생의 공허함과 무감각이 원인이 되어 신경증 환자가 된 사람들은 마치 배를 놓치고서도 여전히 강기슭을 서성거리면서 자기 이외의 모든 사람에게 저주를 퍼붓는 모습, 오로지 자기 자신만이 세상의 중심이 되어야 한다고 주장하는 모습을 보인다."

상대방에게 행복을 건네지 않고 왜 나에게 행복이 오지 않느냐고 악다구니를 쓰며 자신을 파괴하는 모습이 보이는 듯합니다. 기괴하고 무섭습니다. 혹시 우리의 모습이 아닙니까? 좋습니다. 아들러, 칼 융 그리고 데일 카네기의 말을 받아들인다고 해보죠. 그렇다면 궁금해집니다. '도대체 누구에게 잘해줘야 한다는 말인가. 비참하게 사는 사람이 내 주변에는 없다. 아프리카 난민을 도우란 말인가.'

데일 카네기의 말을 들어보시죠. "우편배달부를 향해 몸은 피곤하지 않은지, 일이 지루하지는 않은지 물어본 일이 있나? 동네를 청소하는 환경미화원, 매일 마주하는 가게의 점원에게 따뜻한 관심을 보인 적이 있나? 세상을 변화시키는 나이팅게일이 되라는 게 아니다. 극적인 일을 찾으려고 애쓸 이유도 없다. 그저 내일 아침에 당신이 만나게 될 사람을 향해 따뜻한 미소, 환한 웃음 한번 보여주는 것에서 시작하면 된다."

우울증을 단 14일 만에 치료하고 싶은가요? 내일부터 14일간, 매일 만나는 누군가를 향해 먼저 미소를 지어보세요. 이왕이면 따뜻한 말 한마디도 건네면서요.

장미를 선물한 사람의 손에는
장미 향기가 남는다

타인에 대한 배려는 나를 행복하게 하고, 상대방을 기쁘게 하는 최고의 방법입니다. 언젠가 데일 카네기는 예일대학교에서 저명한 석학을 만나게 됩니다. 만나는 사람들에게 어떻게 배려해야 하는지를 물어봅니다. 그 교수의 대답입니다. "동네 가게나 이발소 등에 가면 그곳에서 만나는 모든 사람에게 상냥하게 말하려고 애를 씁니다. 그들을 기계의 부속품처럼 대하는 게 아니라 하나의 인간으로 바라봅니다. 가게의 직원에게는 '정말 친절하세요'라고 하고, 이발소의 미용사에게는 '온종일 서 있어야 하니 다리가 아플 것 같아요'라고 위로를 보냅니다. 왜 그러냐고요? 누구든지 자신에게 따뜻한 관심을 보이면 기분이 좋은 법이니까요."

이렇게 보니 누군가에게 좋은 일을 한다는 게 그리 어려운 일은 아닌 것 같습니다. 더군다나 이 작은 행동 하나를 단 14일만 하면 현대인을 그토록 지긋지긋하게 괴롭히는 마음의 병을 고칠 수 있다니 해볼 만하다는 생각도 듭니다. 어렵지도 않습니다. '그깟 미소' 한번 보내면 되는 거니까요. 안 그런가요?

데일 카네기의 말입니다. "나는 거리에 개를 데리고 나오는 사람을 만나면 언제나 그 개를 칭찬해 준다. 그리고 뒤돌아보면 대개 개의 주인은 개를 쓰다듬고 있다. 남에게 칭찬을 들었으니 그도 새삼스레 개를 칭찬해 주지 않을 수 없기 때문이다."

집에 택배를 배달하러 온 분에게 고마움의 표시를 하고, 찜통 같은 주방에서 일하는 요리사에게 경의를 표하며, 개를 데리고 온 사람에게 그 개를 칭찬할 수 있는 사람은 우울과 번민 때문에 정신건강의학과를 찾을 시간이 없다는 것이 데일 카네기의 생각입니다. 번민을 내쫓고 평화와 행복을 기대하는 당신이라면 데일 카네기가 말한 '2주 만에 우울함을 치료하는 방법'을 실행해 보세요. 그것은 무엇이었죠? 네, 이것이었습니다. "매일 누군가의 얼굴에 미소가 생기도록 착한 일을 하라."

길게 말씀드렸는데, 여전히 긴가민가한가요? '에이, 이런다고 해
서 진짜 2주 만에 우울함이 사라지겠어?'라고 생각하는 당신에게
마지막으로 중국 격언 하나를 선물해 드리겠습니다.

"남에게 장미를 선물한 사람 손에는 장미 향기가 남는다."

최소한 내 손에 장미 향기라도 남는다는데 해볼 만하지 않나요.

지금 내가 가진 것에 감사할 것

나는 매일 아침 면도할 때마다
욕실 거실에 붙여둔 다음의 말을 읽는다.

●

**"나는 신발이 없음을 한탄했는데
거리에서 발이 없는 사람을 만났다."**

4장

꿀을 얻으려면
벌통을
걷어차지 마라

•

2년 동안 노력해서 다른 사람이 당신에게 관심을 가지게 하는 것보다,
2개월만 당신이 먼저 다른 사람에게 관심을 두면
더 많은 친구를 사귈 수 있게 된다.

꿀을
얻고 싶은 사람이
벌통을
걷어차면 되겠는가?

한적한 시골길에서 여자 친구와 사랑을 나누던 한 남자가 있었습니다. 갑자기 경찰이 다가와 차 문을 두드리고 운전면허증을 보여달라고 요구합니다. 그 남자는 아무 말도 없이 권총으로 경찰을 쏴버립니다. 이후 그는 은신하고 있던 아파트에서 수만 명의 시민이 실시간으로 지켜보는 가운데 대치 중이던 150명의 경찰에게 총을

난사하다가 결국 검거됩니다.

1931년 미국 뉴욕에서 있었던 일입니다. 경찰 살인범은 뉴욕 역사상 가장 흉악한 범죄자 중 한 사람으로 꼽히는 크로울리라는 남자였습니다. 그는 사람의 목숨을 두고 '아주 하찮은 것'이라고 말할 정도의 냉혈한이었습니다. 사소한 동기만으로도 사람을 죽이는 가장 악질적인 범죄자로 꼽혔던 크로울리는 자신을 어떻게 생각하고 있었을까요. 훗날 그의 생각을 짐작해볼 수 있는 단서가 공개됩니다. 수많은 경찰과 대치하던 긴박한 상황에서 그는 '관계자 여러분에게'라는 편지를 남겼던 것이죠. 편지의 일부 내용은 이렇습니다.

> "피로에 지쳐 있기는 하나 나의 가슴 속에는 온화하고 다정한 마음이 있다. 그 누구에게도 해를 주지 않으려는 부드러운 마음…."

세상은 그를 비난했으나 그는 절대 자신을 비난하지 않았습니다. 심지어 사형이 집행되는 그 순간까지도 그랬습니다. 전기의자에 앉는 순간에도 크라울리는 "나는 정당방위를 했을 뿐이다! 그런데 이렇게 되다니!"라고 세상을 향해 분노를 보였습니다. "내가 사람을 죽였으니 마땅히 받는 벌이다"라고 반성하거나 용서를 구한 적은 단 한 번도 없었다고 합니다.

어떤 생각이 드나요? 크로울리가 너무나 독특한 사람이어서 흉악한 범죄를 저지르고도 이렇게 자기방어에 힘썼던 것일까요? 아닙니다. 우리 대다수 역시 잘못을 했다고 자기 자신을 함부로 비난하거나 하지 않습니다. 예를 하나 더 들어볼까요. 다음의 말은 누가 한 말일까요.

"나는 내 생애의 황금기를 모두 사회를 위해 바쳤습니다. 그런데 내가 얻은 건 차가운 세상의 시선 그리고 비난, 거기에 범죄자라는 낙인뿐이었습니다."

미국 시카고의 암흑가를 지배한 잔인한 마피아의 두목 알폰스 가브리엘 카포네(Alphonse Gabriel Capone), 보통 알 카포네라고 알려진 그가 한 말입니다. 악행에 대한 후회와 스스로에 대한 비난? 단 한마디도 없었습니다. 오히려 본인의 범죄를 사회를 위한 공헌이라고 이야기했죠. 이러한 사례를 통해서도 배울 건 있습니다.

데일 카네기의 말을 들어보도록 합니다. "사람이란 존재는 아무리 큰 잘못을 저질러도 100명 중 99명은 절대로 자기 자신을 비난

하지 않는다." 그렇다면 우리가 해야 할 것은 무엇일까요? 다음을
기억하세요.

Don't criticize, condemn or complain.
비판하지 말라. 비난하지도 불평하지도 마라.

인신공격에 몰두하던 변호사 링컨이 대통령이 되어서는
절대 누군가를 비난하지 않게 만든 그 사건

인간관계에서 무엇인가를 얻고자 하는 사람이 있습니다. 얻으려
는 누군가가 바로 앞에 있습니다. 그렇다면 절대 하지 말아야 할
게 있습니다. 데일 카네기는 이를 멋진 비유로 말합니다. "If you
want to gather honey, Don't kick over the bee-hive(꿀을 얻고
싶다면 벌통은 걷어차지 마라)."

벌통을 걷어차는 행동이란 무엇일까요. 데일 카네기의 말에 따
르면 상대방을 향해 비판, 비난 그리고 불평하는 것입니다. 그는

미국 역사상 최고의 대통령으로 일컬어지는 링컨의 사례를 통해 설명합니다. 젊은 시절 링컨은 남을 비난하고 비판하기를 즐겨 했습니다. 타인을 조롱하는 글을 써서 사람들 눈에 잘 띄도록 길거리에 뿌리고 다닐 정도였습니다.

그러던 그가 미국 일리노이주에서 변호사로 활동하던 시절, 한 정치가를 비방의 대상으로 삼아 지역 신문사에 익명의 인신공격 글을 보냅니다. 인신공격의 대상이 된 정치가는 분노에 정신을 잃을 지경이 됩니다. 글을 보낸 이가 누군지 알아내자마자 바로 달려가서 목숨을 건 결투를 신청합니다. 링컨도 어쩔 수 없이 결투를 받아들입니다. 무기로는 긴 칼을 사용하기로 하고 결투의 날이 다가옵니다. 죽느냐, 죽이느냐.

다행스럽게도 결투의 입회인들이 마지막으로 중재에 나선 것을 모두 받아들여 결투는 중지됩니다. 링컨은 이 사건으로 평생에 도움이 되는 큰 교훈을 얻습니다. 그건 바로 "남을 심판하지 마라. 그러면 너희도 심판받지 않을 것이다"였습니다.

링컨이 대통령이던 시절, 아내가 남북전쟁의 적대국이었던 미국 남부 지역의 사람들을 나쁘게 이야기하면 이렇게 답했다고 합니다. "그들을 탓할 수만도 없네. 우리도 그와 같은 상황에 놓였다면,

그들과 같은 행동을 했을지도 모르니까."

링컨은 알았던 것 같습니다. '비난이란 쓸데없는 짓이다.' 맞습니다. 비난은 인간을 방어적 입장에 서게 하고 대부분은 자신을 정당화하도록 안간힘을 쓰게 만들 뿐입니다. 하나 더, '비난이란 위험한 것이다.' 왜냐하면 그것은 한 인간의 소중한 자존심과 자존감에 상처를 입히고 원한을 불러일으키기 때문입니다. 링컨도 하마터면 결투의 희생물이 될 수도 있었습니다.

궁금해집니다. 왜 비난(비판)이 문제가 되는 것일까요. 그 이유는 크게 다음의 두 가지일 겁니다.

첫째, 상대방에게 상처를 줄 수 있습니다. 비난은 상대방의 자존감을 떨어뜨리고, 마음에 상처를 줄 수 있습니다. 비난을 접하는 상대방은 대부분 잘못을 인정하고 반성하는 것이 아니라, 자신을 공격하는 것으로 받아들여 날카로운 태도를 보입니다.

둘째, 인간관계를 악화시킬 수 있습니다. 비난은 상대방과의 신뢰를 깨뜨리고, 관계를 악화시킬 수 있습니다. 비난받은 사람은 비난한 사람을 불신하게 되고, 관계를 회복하기 어려워집니다.

위의 두 가지는 비난을 받는 상대방에 대한 악영향입니다. 하지만 비난은 비난하는 사람에게도 부정적인 영향을 미칠 수 있습니다. 비난하는 사람의 감정도 악화시키고, 스트레스를 증가시킵니다. 상대방의 결점을 찾아내다 보니 어쩔 수 없이 공격적인 성향을 보이게 되고 인간관계의 모든 영역에서 부정적 감정을 수반하게 될 가능성이 높습니다.

아무런 이득도 없는 비난, 비평, 불평을 어떻게 줄일 수 있을까요.

첫째, 감정을 조절하는 훈련을 해봅니다. 화가 나거나 짜증이 날 때는 먼저 자신의 감정을 조절하는 것이 중요합니다. 숨을 깊게 쉬거나 잠시 시간을 두고 상황을 생각해 보는 것이 도움이 될 수 있습니다.

둘째, 상대방의 입장에서 이해하려고 노력합니다. 상대방의 입장을 이해하려는 노력을 계속하면 비난하기보다는 문제를 해결하기 위한 방법을 찾을 수 있습니다.

셋째, 부정적이거나 퇴행적이 아닌, 건설적인 피드백을 제공합니다. 무작정 비난하는 대신 구체적으로 예를 들어서 상대방이 무엇을 잘했고, 무엇을 개선할 수 있는지 알려주는 것이 좋습니다.

기억해야 합니다. 비난은 누군가를 변화시키는 게 아니라 오히려 그 사람으로부터 원한을 사게 될 뿐이라는 것을.

자신을 화나게 만든 사람에게 막말 편지를 썼던
마크 트웨인이 아무런 화도 입지 않았던 숨겨진 이유

누군가를 비난하려는 나 자신을 참아야 합니다. 스스로 참는 것이 어렵다면 누군가에게 자신이 참을 수 있도록 도와달라고 하는 것도 괜찮습니다.

"참으면 복이 온다"는 우리나라의 고유한 속담입니다. 이 속담은 화를 참거나 어려운 일을 참으면 언젠가는 좋은 일이 생긴다는 의미를 담고 있는데 여기에 더해 추가적인 뜻을 확인해 보면 다음과 같습니다.

첫째, 인내의 중요성을 강조하는 의미가 있습니다. 인내란 어려움을 견디고 이겨내는 힘입니다. 인내심을 기르면 어려운 일을 극복하고 성공할 가능성이 커집니다. 결국 나 자신을 위해 좋은 일입니다.

둘째, 복의 의미를 넓게 해석하는 의미가 있습니다. 복은 단순히 물질적인 풍요만을 의미하는 것이 아닙니다. 건강, 행복, 성취감 등도 복의 범주에 포함될 수 있습니다. 참는 것은 이러한 복을 얻기 위한 하나의 방법입니다.

"참으면 복이 온다"라는 속담이 세상 모든 일에 무조건 참으라는 의미는 아닙니다. 때로는 참지 않고 자신의 감정을 표현하는 것이 더 나은 결과를 가져오는 경우도 분명히 있습니다. 예를 들어 누군가가 나를 속이거나 해를 끼쳤다면, 참지 않고 그 사람에게 분노를 표현하는 것이 더 옳은 행동일 수 있습니다. 내가 불편한 일을 당하고 있다면 그 일을 해결하기 위해 적극적으로 노력하는 것이 필요합니다.

따라서 "참으면 복이 온다"라는 속담은 인내의 중요성을 강조하는 의미 정도로 이해하는 것이 좋습니다. 무조건 참는 것이 좋은 것은 아니니까요. 하지만 살다 보면 도대체 참을 수가 없는 상황이 분명히 옵니다.

그럴 때는 어떻게 해야 할까요. 주변에 나를 통제할 수 있는 누군가를 감시인처럼 두어야 합니다. 그렇게라도 해서 세상 사람들에게 비난, 비판 그리고 불평하지 않도록 해야 합니다.

새뮤얼 랭혼 클레먼스(Samuel Langhorne Clemens)라는 이름은 생소하죠? 마크 트웨인(Mark Twain)이라는 필명으로 유명한 미국 소설가의 본명입니다. 주요 작품으로는 미시시피강 유역을 배경으로 개구쟁이 소년인 톰 소여와 허클베리 핀의 모험을 그린 동화《톰 소여의 모험》이 있습니다.

그런데 마크 트웨인은 성격이 대단했나 봅니다. 화가 나면 그 분노를 조절하지 못하는 경우가 허다했다고 합니다. 더 문제는 그때마다 누군가를 향해 욕설로 가득한 편지를 썼다고 합니다. 예를 들어 자신이 쓴 원고의 철자 등을 고치려고 했던 편집자에게 쓴 편지 내용은 이러합니다.

"지금부터는 절대 내 원고를 고치려고 하지 마시오. 혹시 내 원고에 손을 대겠다는 건방진 생각이 들 때면 당신의 그 썩은 머릿속에 놔두라고 스스로 충고하시오."

마크 트웨인은 누군가를 향해 공격적이면서도 신랄한 비판이 가득한 편지를 쓰면 화가 풀리면서 기분이 좋아졌다고 합니다. 위험하죠? 그런데 여기에 반전이 있습니다. 읽으면 정말 기분 나빴을 그 편지는 세상 그 누구에게도 아무런 해를 끼치지 않았습니다. 어떻게 된 일일까요. 마크 트웨인의 아내가 남편 몰래 그 울분에 찬 편지를 빼놓았기 때문입니다. 네, 그렇습니다. 그 편지들은 보내지지 못한 편지였습니다.

마크 트웨인 아내의 노력이 마크 트웨인의 소설가로서의 명성을 유지하게 만든 것은 우리에게 생각할 거리를 줍니다. 데일 카네기의 말입니다. **"죽을 때까지 남에게 원망받고 싶은 사람은 남을 신랄하게 비판하라. 그 비판이 냉정하면 냉정할수록 효과는 더 커질 것이다."**

죽을 때까지 남의 원망을 듣고 싶은 사람은 없을 겁니다. 다른 사람을 평가하는 것에 대해 데일 카네기의 말과 비슷한 이야기를 한 사람은 또 있습니다. 미국 건국의 아버지라고 불리는 벤저민 프랭클린의 말입니다. "나는 어떤 사람에 대해서도 나쁜 점을 이야기하지 않는다. 사람들의 좋은 점에 관해서만 이야기할 뿐이다."

다시 결론으로 돌아가 봅니다. 좋은 인간관계를 유지하고 싶다면 이제 세 가지 단어를 우리의 말투에서, 우리의 행동에서 삭제해야 합니다. 그 세 가지 단어는?

비난

비평

불평

기억해 두면서 데일 카네기의 마지막 조언에 귀를 기울이길 바랍니다. "하나님께서도 사람이 죽을 때까지는 그를 심판하려 하지 않으신다. 그런데 왜 우리는 누군가를 함부로 심판하려 하는가!"

상대방의 이름을
기억했을 때
생기는
뜻밖의 행운

이상합니다. 스무 명이 넘게 모인 초등학교 동창회에서도 저 끝 테이블에서 제 이름을 언급하면 그 소란 속에서도 제 귀에 너무나 선명하게 들리니까요. 이런 경험 없었나요? 신기합니다. 누군가 친근하게 불러주는 제 이름을 얼마나 원했기에 이런 작은 소리에도 귀가 반응을 하는지 말입니다. 생각해 보면 제 이름은 학창 시절

이후 사장(死藏)되어 가는 것 아닌가 합니다.

회사에 들어가서 얼마 후 김 대리가 되었습니다. 제 이름은 사라졌습니다. 김 과장, 김 차장, 김 부장 그리고 김 팀장. 그 어디에도 제 이름은 불리지 않습니다. 아마 아이들과의 관계에서도 마찬가지일 겁니다. 가끔은 아이들이 아빠 이름을 알고는 있을까 하는 의구심도 듭니다. 아이들이 참여하는 모임에 나갔던 경험이 있습니다. 제 이름은 없었습니다. "OO 아빠!" 이게 다였죠.

하지만 우리의 이름은 불려야 합니다. 아니 불러줘야 합니다. 데일 카네기는 자신이 알고 있는 사람의 이름을 기억하고 또 부르지 못한다면 곤경에 처한다고까지 말합니다. "If you don't do this, you are headed for trouble('이것'을 하라. 그렇지 않으면 곤경에 처할 것이니)!"라면서 우리가 반드시 기억해야 할 인간관계의 원칙을 제안합니다.

> **Remember that a person's name is to that person the sweetest and most important sound in any language.**
>
> 사람의 이름은 그 사람에게 모든 언어 중에서도
> 가장 감미롭고 중요한 소리라는 것을 기억하라.

인간관계에서 곤경에 처하지 않기 위해 상대방의 이름을 기억하고 부른다? 네, 맞습니다. 그런데 데일 카네기는 여기에서 더 나아갑니다. "큰돈을 벌고 싶다면, 상대방의 이름을 존중하라!"라고 말이죠.

야구단 2군 선수 모두의 이름을 기억해 주는 그룹 회장님이 있었다?

29년 만의 LG 정규 시즌 및 한국시리즈 우승! 2023년 가을에 스포츠 뉴스를 지배했던 LG 트윈스 프로야구단에 관한 이야기입니다. 역사에 남을 명경기를 연출하면서 우승한 LG 트윈스 선수들은 우승이 확정된 이후 이어진 인터뷰에서 한 명의 인물을 빠짐없이 언급했습니다. 고인이 된 구본무 전(前) LG 그룹 회장 및 LG 트윈스 구단주에 관한 이야기였습니다. "고(故) 구본무 회장님은 1군 선수단은 물론 2군 선수 전원의 이름을 기억하셨습니다. 2군 경기장에 들러서 한 명씩 이름을 불러주시며 '잘해야 한다!'라고 격려해 주셨던 분이었습니다."

프로야구단의 경우 1군 그리고 2군 등 선수단 전원을 합하면 100여 명에 이릅니다. 그런데 그룹 회장님이 자신의 이름을 불러준다? 열심히 하지 말라고 해도 열심히 하고 싶은 마음이 뜨겁게 뿜어져 나오지 않을까요. 이런 구단주가 있는 선수단을 떠나고 싶을까요. 데일 카네기가 사례로 든 기업 경영에 관한 이야기 역시 그러합니다. "회사에 따뜻한 기운을 불어넣기 위한 한 가지 방법은 사람들의 이름을 잘 기억하는 것이다. 이름을 기억하는 데 서툴다고 말하는 경영자가 있다면 그는 기업 경영의 중요한 부분을 모르고 있다고 말하는 것이며, 그런 기업은 언제 망해도 이상하지 않다."

앤드루 카네기는 미국의 산업자본가로 유명합니다. 스코틀랜드 출신의 가난한 이민자에서 '철강왕'의 자리에 등극했는데 악덕 자본가라는 비판 속에서도 평생 모은 재산의 4분의 3을 기부합니다. 데일 카네기는 앤드루 카네기의 사례를 들어 사람의 이름을 어떻게 활용해야 하는지에 대한 통찰을 이야기하는데 그 내용이 흥미롭습니다.

앤드루 카네기가 조지 풀먼(George Pullman)이라는 사람과 철도 산업 분야에서 치열한 경쟁을 하고 있었습니다. 두 회사가 너무 치열하게 경쟁하다 보니 가격경쟁이 심해져서 결국 두 회사 모두 손해를 볼 지경에 이르게 됩니다. 이 어려움을 극복하고자 앤드류 카네기와 조지 풀먼은 만나서 가격경쟁으로 서로를 힘들게 하지 말고 하나의 회사를 만들자고 이야기합니다.

새 회사? 조지 풀먼이 묻습니다. "새 회사를 설립하자고요? 좋습니다. 그런데 새 회사의 이름은 어떻게 할까요?" 앤드류 카네기는 바로 대답합니다. "물론, 풀먼컴퍼니라고 해야죠!" 조지 풀먼의 얼굴이 일순 밝아졌습니다. "카네기 씨, 제 방으로 가서 좀 더 이야기를 나누는 게 어떻겠습니까!" 짧은 대화 하나로 미국에서 새로운 산업의 역사가 시작됩니다.

이름 하나 건넸을 뿐인데, 상대방은 앞뒤 볼 것도 없이 '오케이' 사인을 보냅니다. 사업 경쟁자의 이름을 기억하고 또 존중해 주는 일, 이것이 바로 앤드류 카네기가 거부(巨富)가 된 비결이었습니다. 세계적인 철강왕으로 이름을 날리기까지 앤드류 카네기는 공장에서 일하는 인부들 한 사람까지 얼굴을 기억해 주고 또 이름을 불러주는 노력을 계속했다고 합니다. 큰돈을 벌고 싶은가요? 상대방의 이름을 기억하고 또 불러주세요.

대통령도 이런 일을 할 시간이 있다는 것이
저에게는 미스터리(mystery)였습니다

"대통령에게 이런 일을 할 시간이 있다는 게 나에게는 미스터리였다!" 누군가 이렇게 말하면 대통령이 할 일이 없었던 것인가 하는 의문이 듭니다. 부정적인 의미로 사용된 이야기가 아닌지 판단할 겁니다. 하지만 아닙니다. 이 말은 대통령에 대한 최고의 찬사였습니다. 대통령을 존경하고 흠모하며 또 따르고 싶었던 사람이 한 말이었습니다. 무슨 이야기였을까요.

프랭클린 D. 루즈벨트(Franklin Delano Roosevelt) 미국 대통령이 주인공입니다. 루즈벨트 대통령은 다리에 장애가 있었습니다. 일반적인 차는 운전할 수가 없어서 크라이슬러 자동차 회사에서 루즈벨트 대통령만을 위한 특수 차량을 생산해 제공합니다. 생산된 차량을 전달해야 하겠죠? 크라이슬러 자동차 회사의 직원인 W. F. 챔벌레인이 그 일을 하게 되는데 그때의 일화입니다.

"저는 대통령께 여러 가지 특수 장치가 부착된 자동차의 운전법을 가르쳐드렸습니다. 그런데 대통령은 저에게 사람을 다루는 법을 가

르쳐주셨습니다. 무슨 말이냐고요? 이런 일이 있었습니다. 제가 백악관으로 대통령을 찾아갔을 때 대통령은 유쾌하고 기분 좋게 맞아주셨습니다. 우선 제 이름을 부르고 어깨를 두드리며 편안하게 해주셨습니다. 그는 제가 가져간 자동차에 대해 이것저것 물어보셨고, 제가 고안하느라 애썼던 사소한 부분까지 진지하게 관심을 보여주셨습니다. 며칠 후 저는 대통령의 친필 서명이 있는 사진과 함께 저의 도움에 다시 한번 감사하다는 편지를 받았습니다. 신기했습니다. 대통령이 이렇게까지 저를 위해 시간을 내준다는 것이."

미스터리(mystery) 그 자체였다는 그의 말에 공감이 갑니다. 아니, 제가 이런 환대를 받았다면 다음 선거 때 무보수로 최소한 1,000명 이상에게 "루즈벨트 대통령에 한 표를 주자!"라고 자발적 선거원이 되지 않았을까 합니다. 상대방의 이름을 불러주는 것은 소통의 기본이자 상대방과 신뢰 관계를 만들어가는 첫걸음이라는 것을 알아두어야 합니다.

이름은 사람을 구별하는 가장 기본적인 수단일 뿐만 아니라, 그 사람의 정체성과 자아를 상징하는 것입니다. 따라서 상대방의 이름을 불러주면 친밀감과 신뢰감을 형성할 수 있습니다. 그뿐인가요. 상대방에게 긍정적인 인상을 심어주기도 합니다. 그러니 커뮤니케이션은 원활해질 것이고 결국 인간관계는 좋아지지 않을 수가 없습니다.

나이가 들면서 우리는 자신의 이름이 낯설게 들리기만 합니다. 나 자신만의 '시그니처', 즉 '상징' 그 자체인 이름을 잊고 살아가게 되는 것 같습니다. 꼭 이름을 불러준다고 상대방과 나의 가치가 높아지는 것은 아니지만 아주 쉬운 실천만으로도 서로를 존중하고 배려하는 시작이 되는 것만은 의심의 여지가 없습니다. 사람마다 이름이 있는 것은 그 사람을 불러주라고 있는 것이지 잊어버리라고 있는 것은 아닙니다.

사람은 자신의 이름이 구체적으로 언급되었을 때 자신의 노력을 자랑스럽게 여깁니다. 자신의 존재 가치를 인정받은 기분이 들기 때문입니다. 예를 들어볼까요. 세 명으로 구성된 팀이 있습니다. 그 팀의 노력으로 프로젝트를 성공적으로 끝냅니다. 이때 그 팀의 상위 부서에 있는 임원이 바로 당신이라면 어떻게 칭찬하겠습니까. 다음 중에서 골라보세요.

● **"프로젝트를 잘 끝냈어! 고마워! 기획팀에게 감사하고 싶어!**

- "프로젝트를 잘 끝냈어! 김 팀장, 양 과장, 최 대리 덕분에 완벽
  한 마무리가 됐어!"

 정답은? 당연히 두 번째 문장입니다. 이왕이면 김개똥 팀장, 양
길동 과장, 최선해 대리라고 '풀네임'을 불러주면 더욱 좋을 겁니
다. 듣는 사람에게 힘이 나는 말이니까요.
 하나의 사례를 더 확인해 볼까요. 고객서비스 부서장이 고객 클
레임을 열심히 처리한 팀원에게 칭찬한다고 해보겠습니다. 다음의
두 문장 중 어떻게 말하는 게 좋을까요.

- "고장 접수를 위해 서 있던 고객을 대하는 모습에 감동했습니다.
  고객이 매우 화가 난 듯했는데 밝은 모습으로 고객의 불만을 청
  취하는 노력에 고객도 고개를 끄덕이더군요. 고맙습니다."
- "고장 접수를 위해 서 있던 고객을 대하는 김범준 대리의 모습에
  감동했습니다. 고객이 매우 화가 난 듯했는데 밝은 모습으로 고
  객의 불만을 청취하는 김범준 대리의 노력에 고객도 고개를 끄덕
  이더군요. 고맙습니다."

당연히 두 번째 문장이겠죠? 이제 우리는 내 이름 또한 누군가에게 불려야 의미가 있다는 것을 이해하면서 나 또한 주변의 소중한 누군가의 이름을 불러줘야 함을 알아차리게 되었습니다. 알았다면 실행해야죠? 미루지 말고 오늘 한 번 상대방의 이름을 다정하게 불러주세요.

> ## 덤벼드는 상대에게는 대꾸할 수 있으나,
> ## '그저 웃기만 하는' 상대에게는
> ## 어쩔 도리가 없지 않은가?

•

나는 오래전에 깨달았다. 남에게 부당한 비판을 받지 않는다는 것은 불가능한 일일지 모르겠지만, 그러한 비판에 신경 쓰지 않는 것은 가능한 일이라는 사실을 말이다.

누군가의 비판이라는 이름의 빗방울에 나의 목덜미를 적실 이유는 없다.

먼저
스스로 비난하면
소모적 싸움이
사라진다

늘 실수합니다. 일상의 모든 순간이 나의 협소한 경험과 세상이 가진 무한한 정답 속에서의 싸움인데 패배자는 언제나 자신이 되다 보니 좌절합니다. 좌절의 끝은 반항입니다. 자신에게 친절하지 못하고 스스로를 경멸하다가 결국 그 모든 잘못의 원인을 세상으로 돌려버립니다. 얼마 안 남은 자존심으로 실수를, 실패를 그리고 오류를 막아보려 합니다.

이러한 경우는 흔합니다. 이때 우리에게 필요한 것은 스스로에 대한 따뜻한 연민입니다. 그 무엇보다도 중요한 자기 자신에게 친절해야 합니다. 실패했거나 큰 실수를 저질렀을 때 자신을 꾸짖지는 않나요? 마치 그런 실수를 하는 사람은 이 세상에 나 혼자뿐이라고 생각하지는 않나요? 스스로를 되돌아보는 것이 먼저입니다. 자책이 자학으로 변하게 해서는 곤란합니다.

사실 자기 자신에게 가혹한 잣대를 들이미는 것은 자연스러운 반응이라고 합니다. 심지어 우리는 스스로 엄격할 때 자부심을 느끼기도 하는데 이를 더 나은 사람이 되는 방법이라고 받아들이기 때문이랍니다. 하지만 지나친 자기비판은 자기비하로 연결되고 결국 역효과를 가져옵니다. 불행과 스트레스를 증가시키는 것 외에도 해야 할 일을 미루거나 새로운 도전을 포기하게 합니다.

자신을 꾸짖기보다 자기연민이 우선입니다. 자신의 실수를 관대하게 용서하면서, 스스로 실망한 순간에도 먼저 자기 자신을 돌보는 신중한 노력이 필요합니다. 인생에서 나를 무조건으로 지지하는 좋은 친구를 갖고 있어야 한다고들 하는데 사실 '나를 무조건으로 지지하는 좋은 친구'의 첫 번째 순서는 바로 자기 자신이어야 합니다.

자기연민에 충실한 사람은, 나 자신을 무조건 지지할 줄 아는 사람은 오히려 잘못했을 때 그것을 받아들일 줄 압니다. 잘못을 기꺼이 긍정했을 때 우리에게 좋은 일이 일어납니다. 데일 카네기의 처방 역시 비슷합니다. 잘못했다면? 데일 카네기의 조언입니다.

If you are wrong, admit it quickly and emphatically.
당신이 틀렸는가? 신속하고 단호하게 인정하라.

상대방이 나의 잘못에 대해
단 한마디도 말할 수 없게 하는 방법

데일 카네기에게 렉스라는 반려견이 있었습니다. 데일 카네기가 사는 곳 주변에 멋진 공원이 있었는데 반려견과 함께 산책을 자주 했답니다. 데일 카네기는 반려견이 사람을 위협하거나 물지 않는다고 확신했기에 마스크를 씌우지도, 줄로 묶지도 않고 -요즘에 이러면 안 되죠?- 데리고 다닙니다. 그러던 어느 날, 공원에서 단속에 걸립니다. 경찰관에게 말입니다. 조심하겠다고 말한 데일 카네기, 하지만 그다음 날 이 잘못을 반복하다 같은 경찰관에게 다시 걸립니다. 이런 상황에 우리라면 경찰관에게 어떻게 말을 할까요. "죄송해요. 한 번만 봐주세요", "그렇게 갑자기 단속하면 어떻게 해요?", "개가 무슨 잘못이에요? 이렇게 얌전한 아이인데!" 경찰관의 반응이 달라질까요. 오히려 경찰관의 심기만 건드릴 겁니다. 그렇다면 데일 카네기의 해법은?

경찰관을 향해 공손하게 말합니다. "저는 현행범입니다. 제가 법을 어겼습니다. 변명할 것이 없습니다. 지난번에 개에게 마스크를 채우지 않고 데리고 다니면 벌금을 물리겠다고 경고까지 하셨는데 말입니다."

말 그대로 '납작' 엎드립니다. 자기 자신을 두고 현행범이다, 법을 어겼다, 변명할 거리조차 없다 등 잘못을 인정하는 걸 넘어 지나칠 정도로 사과를 한 것이죠. 이렇게 자신의 잘못을 '처절하게' 인정하는 데일 카네기에게 경찰관이 할 말이 있을까요? "당신이 잘못했습니다"라고 말해야 했는데 상대방이 이미 자신이 해야 할 말을 다 해버렸으니 말입니다.

경찰관이 할 말이라고는 "흠, 글쎄요. 저런 작은 개라면 주변에 사람들이 없을 때 데리고 나와 목줄을 풀어 여기저기 달리게 하고 싶은 유혹이 생길 수도 있죠"였습니다. 이때 데일 카네기는 다시 한번 자신의 잘못임을 반복합니다. "경찰관님이 말씀하신 유혹이 생기더라도 그렇게 해선 안 되었습니다. 위법은 위법이니까요."

경찰관은 말 그대로 '항복'해 버립니다. 오히려 데일 카네기의 말에 이의를 제기하면서요. "그래도 이렇게 작은 개는 그 누구에게도 해를 주기는 어렵지 않을까요? 선생님께서 이 문제를 너무 심각하게 생각하시는 것 같습니다. 흠, 좋습니다. 이렇게 하시죠. 저기 언덕 저편까지 개를 달리게 하세요. 제 눈에 띄지 않을 정도로요. 그렇게 우리 모두 이 일을 잊어버리는 게 좋겠습니다."

데일 카네기는 이 사건을 통해서 얻은 통찰을 토대로 다음과 같은 인간관계의 기술을 제안합니다. **"비난받을 일이 있으면 먼저 자기 자신을 비난하는 편이 낫다. 다른 사람으로부터 비난을 듣느니 스스로 내면의 비난에 귀 기울이는 게 좋다. 그러니 자기에게 잘못이 있다는 걸 알게 되면 상대가 할 말을 아예 먼저 해버려야 한다. 상대방이 오히려 아무 말도 할 수 없을 정도로."**

불필요한 다툼에서 벗어나는 방법
"나 자신을 비판함으로 누군가와 싸울 일이 모두 사라져 버렸다"

데일 카네기의 말은 일종의 '선빵'을 날리라는 말이겠죠? 잘못한 게 있으면 오히려 그 잘못을 상대방에게 당당하게 말하라니 말입니다. 물론 우리의 모든 잘못을 스스로 면죄해야 한다는 말이 아님은 당연합니다. 데일 카네기가 우리에게 하고자 하는 말은 자기를 방어하려고 하다가 오히려 상대방으로부터 더 큰 불만을 얻게 되는 것을 조심하라는 것이니까요.

다시 한번 우리가 실수했을 때, 잘못했을 때, 사랑하는 상대방과 관계를 해치지 않고 공존하는 방법을 정리해 보기로 합니다. 핵심은? '먼저 스스로 비난하기'입니다. 다른 사람으로부터 비난을 받기 전에 스스로를 비난하며 상대방에게 알리면 있던 싸움도 사라집니다. 실수했을 때 그 실수를 저지른 내가 먼저 "잘못했다"라고 말해야 하는 이유입니다.

실수를 책임지는 모습은 상대방과의 관계를 회복하기 위한 첫걸음입니다. 이는 결국 나 자신의 성장을 위한 기회가 됩니다. 실수를 통해 잘못을 배우고 또 성장하는 것이죠. 실수를 저지르면 누구나 당황하고 또 부정적인 감정을 느낄 수 있습니다. 하지만 이러한 감정에 휩싸여 잘못을 인정하지 않고, 사과하지 않으면, 책임을 지지 않는 태도로 비칠 수 있고 관계에 악영향을 미칩니다.

실수했을 때는 잘못을 인정하고 사과하는 것이 중요합니다. '잘 못했다면 빨리 그리고 확실하게 인정하라'라는 데일 카네기의 말을 받아들인 후 일상에서 겪는 모든 일에 적용해 봐야 할 이유입니다. 상대방의 입장을 고려하고, 자신의 잘못을 구체적으로 설명하며, 앞으로 같은 실수를 하지 않도록 노력하겠다는 의지를 표명해야 합니다.

불필요한 다툼에서 멀어지고 싶은가요? 혹시 상대방과의 관계에서 작은 실수가 생겼나요? 빨리 그리고 확실하게 자신의 잘못을 말해보세요. 소모적인 싸움은 사라집니다. 무너질 수밖에 없었던 관계도 다시 좋아집니다.

꽤 그럴듯한
설득 무기,
'내 이야기 덜 하고,
네 이야기 더 하고'

상대를 설득하려고 할 때 그 설득의 방법을 '오직 자신만이 말하기'라고 착각하는 사람이 있습니다. 잘못된 판단입니다. 이유는 이러합니다. 사람과 사람 사이에는 무형의 파이프라인이 있습니다. 그 파이프라인은 늘 연결되어 있는 것이 아니라 중간에 양을 조절하는 밸브가 설치되어 있습니다. 우리는 이 밸브를 적절하게 조절해 '인간관계의 안전밸브'로 삼아야 합니다.

특히 인간관계에서 발생하는 문제를 해결하기 위해, 상대방의 불
평을 다루기 위해 'The Safety Valve in Handling Complaints(인
간관계에서 불평의 문제를 잘 다루기 위한 안전밸브)'가 필요한데 데일 카
네기는 이 인간관계의 안전밸브를 어떻게 활용하느냐에 대한 중
요성을 강조하면서 다음과 같이 제안합니다.

> **Let the other person do a great deal of the talking.**
> **상대방이 많은 이야기를 하도록 하라.**

설득을 잘하는 사람은 내가 어떻게 설득의 말을 상대방에게 퍼
붓느냐가 아니라 어떻게 해서든 상대방이 더 많은 이야기를 하도
록 하라는 말, 우리가 설득의 무기로 삼아야 할 화두입니다.

상대방에게 "잘났다"라고 말했더니
어느새 내가 잘나게 되었다

엄마와 딸이 있습니다. 착하고 예뻤던 유아기 때의 딸은 10대에 이르러 도전적이며 비협조적으로 변합니다. 엄마는 딸을 타일러도 보고, 위협도 했으나 오히려 사이는 더 멀어집니다. 도대체 딸의 변화가 이해되지 않았던 엄마는 용기를 내 딸에게 묻습니다. "도대체 왜 그러니?" 딸 역시 용기를 냅니다. 자신이 왜 그러는지에 대해 털어놓기 시작했습니다.

딸에게 필요한 것은 '말 많은 선생님 같은 엄마'가 아니었습니다. 사춘기를 거치며 겪는 혼란스러운 일을 의논할 수 있고 무슨 일이든 허물없이 털어놓을 수 있는, '조용히 들어주는 친구 같은 엄마'가 필요했던 겁니다. 하지만 항상 "이거 해라, 저거 해라"라는 지시와 명령의 말만 했지 딸의 말을 차분하게 들어준 적 없는 엄마였으니 딸은 서운함이 쌓이고 결국 관계를 끊으려는 생각까지 하게 된 것이었습니다.

인간관계에서 삐걱거림이 느껴진다면 우리가 할 일은 상대방이 '실컷' 말할 수 있도록 도와주는 것이 먼저입니다. 사람들은 자신이 말을 주도할 때 중요한 존재라는 것을 느끼며 이렇게 자신이 중요한 존재임을 느끼게 해주는 사람과의 대화는 당연히 즐거울 수밖에 없기에 그 상대방과 관계를 이어나가게 된다는 것을 기억해야 합니다.

우리에게 아무리 잘난 점이 있더라도 우리의 이야기를 하는 것에 익숙해서는 나와 다른 경험으로 세상을 살아온 타인과 좋은 관계를 맺기란 불가능합니다. 데일 카네기 역시 '잘났다고 말해주면 어느새 내가 잘나게 된다'라는 교훈을 우리에게 전달하고자 합니다. "아무리 친한 친구들이라고 할지라도 우리가 하는 자랑에 귀를 기울이는 것보다는 친구들이 해낸 일을 이야기하려고 하는 법이다. 프랑스 철학자 로슈푸코의 말처럼. '만일 당신이 적을 원한다면 친구를 능가해라. 하지만 친구를 원한다면? 그가 당신을 능가할 수 있게 해주어라!'"

우리가 하고 싶은 말을 해봐야, 우리가 자랑하고 싶은 말을 해봐야, 상대방에게 전달되는 것은 '열등감' 혹은 '질투심'일 뿐입니다. '나 자신'을 인정받으려고 애쓰기보다는 상대방의 인정욕구를 지지해 주는 사람만이 인간관계의 성공을 이끌 수 있습니다. 상대방의 존재를 인정해 주고, 상대방의 가치를 인정해 준다면, 이는 결국 상대방이 우리를 인정하고, 존중하는 데 도움이 된다는 사실을 잊지 말아야 합니다.

계약 성공의 비결은 목소리조차 나오지 못하게 만든 후두염 덕분이었다?

자동차 시트용 직물을 생산하는 회사의 영업사원이 있습니다. 자동차 회사에 자사의 제품을 판매하려고 노력 중입니다. 경쟁사는 총 세 군데로 치열하게 경합 중이었는데 자동차 회사에서 경쟁 프레젠테이션을 해야 합니다. 열심히 준비했습니다. 하지만 준비 과정에서 안타깝게도 지독한 후두염에 걸립니다. 미처 치료하지 못했고 결국 프레젠테이션 날이 되었으나 말 한마디도 할 수가 없을 정도였습니다.

자신의 프레젠테이션 차례가 돌아온 이 영업사원이 자동차 회사의 구매담당자에게 말한 것이라곤 "여러분, 제가 목소리가 나오지 않아 말씀드릴 수가 없습니다"라는, 그것도 목소리가 아닌 책상 위를 굴러다니던 종이 한 장에 표현했던 게 전부였습니다. 결론은? 수주에 성공합니다. 영업사원이 말하지 못하자 자동차 회사의 구매담당자가 오히려 영업사원이 팔려고 하는 제품을 대신 설명해 줍니다.

재미있지 않나요? 수주 성공의 비결이 수주에 필요하다고 생각한 프레젠테이션의 화려함, 말투의 아름다움이 아닌 한마디도 하지 못하게 만든 후두염 '때문', 아니 '덕분'이었다는 사실 말입니다. 단순히 이를 재미있는 이야기라고 지나쳐서는 곤란합니다. 내가 이야기하는 대신 상대방에게 기회를 준 것이 오히려 성공의 기회가 되었다는 사실을 기억해야 합니다.

상대방에게 많은 이야기를 하게 하는 것이 인간관계의 불편함을 해소하는 첫걸음이라는 데일 카네기의 말, 그리고 그가 제시한 '후두염에 걸린 영업사원의 사례'에서 상대방에 대한 인정과 배려가 관계를 개선하고자 하는 우리에게 필요한 것임을 알게 됩니다. 나의 말 대신 상대방의 말로 분량을 채우는 것, 이것이 바로 상대방을 존중하는 태도입니다.

친구와 대화를 나눌 때 이제 그들에게 즐거웠던 일을 이야기해 달라고 부탁하는 우리가 되었으면 합니다. 우리는 언제 말해야 하냐고요? 친구들이 '간절히' 우리의 말을 원할 때, 그때 이야기를 시작하면 됩니다. 내 이야기를 '덜' 하고, 상대방이 이야기를 '더' 하게 할 줄만 안다면, 세상 그 누구와도 꽤 괜찮은 인간관계를 누릴 수 있습니다.

어디서나
환영받는 사람이
되는 법,
"개처럼 살아라!"

그 어떤 곳에 있더라도, 그 누구라도, 당신을 매력적인 사람으로 생각하게 만드는 방법이 있다면 믿으시겠습니까? 그런데 그런 방법이 있습니다. 데일 카네기는 이를 'Do This and You will Be Welcome Anywhere', 즉 '그 어느 곳에서나 늘 환영받는 사람이 되는 방법'이라고 하는데 다음의 원칙이 그것입니다.

> **Become genuinely interested in other people.**
> 다른 사람에게 진심으로 관심을 가져라.

　이상합니다. 우리는 늘 다른 사람에게 관심을 주면서 살지 않나요. 데일 카네기는 타인을 향한 우리의 관심을 잘 모르고 있는 걸까요. 압니다. 데일 카네기 역시 우리가 세상을 향해 무한한 관심을 지니고 있음을 말입니다. 하지만 그는 설명합니다. 우리가 세상을 향해 가지고 있는 관심은 한마디로 '잘못된 관심'이라고 말입니다. 데일 카네기의 조언을 통해 이제 우리의 잘못된 관심을 살펴보고 좋은 방향으로 바꿔야 할 차례입니다.

아무 일도 하지 않으면서
사랑받으며 잘 살아가는 세상 속 유일한 존재가 있다?

누군가를 멋지게 사귀고 싶습니다. 친구를 만들고 싶고, 누군가로부터 애정을 받고 싶습니다. 누가 우리를 바라보며 웃었으면 좋겠고 그 웃음에 하루를 활기차게 시작하고 싶습니다. 말은 쉬운데, 실상은 정반대인 경우가 대부분입니다. 사람을 만나는 것조차 힘들고, 친구라고는 돈 꿔달라는 사람밖에 없으며, 우리를 바라보는 누군가의 눈에는 불만만 가득합니다. 세상 어디에서도 환영받지 못하는 우리, 어떻게 해야 할까요. 데일 카네기는 조언합니다. **"개처럼 살아라."**

정말 이렇게 말했는지 의문이 들죠. 네, 그렇게 말했습니다. 데일 카네기는 어느 곳에서나 환영받는 사람이 되고자 한다면 개가 살아가는 모습에서 교훈을 얻어야 함을 강조합니다. "개는 생존을 위해 어떠한 일도 하지 않는 거의 유일한 동물이라는 사실을 아는가? 닭은 알을 낳아야 한다. 젖소는 우유를 만들어내야 하고, 카나리아는 노래를 불러야 한다. 그러나 개는 아무것도 하지 않는다. 오로지 당신에게 사랑을 바쳐 살아가는 것 말고는 말이다."

기가 막힙니다. 세상 그 어느 곳에서나 환영받는 사람이 되기 위해서 알아두어야 할 원칙은 오로지 개가 살아가는 모습을 따르는 것, 그 하나뿐이었다니 말입니다. 하지만 돌이켜 생각해 보면 닭이 알을 낳는 것보다, 젖소가 우유를 만드는 것보다, 카나리아가 목청

껏 노래를 부르는 것보다 개가 살아가는 모습이 우리에게는 더 힘들지도 모르겠습니다. 쉽지만 절대 쉽지 않은 그런 개, 아니 강아지만의 위대한 특징입니다.

세상 사람들이 강아지를 자신의 '반려견'으로 삼는 이유일 겁니다. 강아지는 외모와 함께 행동을 통해 우리에게 정서적 안정을 줍니다. 강아지의 털을 쓰다듬거나 강아지가 꼬리를 흔들며 반기는 모습을 보면, 사람은 심리적으로 안정감을 느끼게 됩니다. 또한 강아지는 항상 사람 곁에 함께 있으며, 사람의 말과 행동에 반응을 보이기 때문에 사람은 강아지를 통해 외로움을 달래기도 합니다.

특히 강아지는 사람에게 충성심과 애정을 표현하기 때문에 더욱 사랑을 받습니다. 강아지는 사람을 주인으로 인식하고, 주인에게 충성심을 다하며, 주인을 사랑합니다. 강아지는 주인을 보호하고, 주인의 기쁨과 슬픔을 함께하는 등 사람에게 진정한 친구가 되어줍니다. 세상에 나가 주인이 아닌 신하로, 노예로 살아가는 우리가 집에서나마 강아지의 사랑을 통해 마음의 위로를 받게 되니 강아지를 좋아할 수밖에 없을 겁니다.

핵심은 강아지가 '오직 사람을 향해 사랑을 바치고 헌신함'이라는 점에 있습니다. 주인인 사람의 말 한마디에 온 신경을 집중하는 모습, 우리가 세상 그 누구에게도 받지 못하는 애정 가득한 눈길이라는 구체적인 형상이 그것입니다. 누군가의 관심을 끌려고 노력만 하지, 누군가에게 애정 가득한 관심을 주는 것에 서툴렀던 우리에게 필요한 태도입니다.

데일 카네기는 강아지의 모습을 보며 인간관계를 아름답게 만들기 위한 하나의 화두를 제시합니다. 그러고는 말합니다. "개처럼 살아라." 개는 인간관계를 잘 맺고자 심리학 전문 서적을 읽은 적도 없으나 그 어떤 심리학자보다 관계에 관한 최고의 아웃풋을 보여준다는 겁니다. 아무것도 하지 않고 오로지 주인인 상대방의 눈에 자신의 눈을 맞추면서 잘 먹고 잘 살고 잘 자는 것입니다.

그들은 나에게
아무런 관심도 없다

환영받는 사람이 되고자 합니까. 데일 카네기의 말에 귀를 기울여보세요. "2년 동안 노력해서 다른 사람이 당신에게 관심을 가지게하는 것보다, 2개월만 당신이 먼저 다른 사람에게 관심을 두면 더 많은 친구를 사귈 수 있게 된다. 하지만 이를 무시한 채 평생 다른 사람이 자신을 향해 먼저 관심을 가지게 하려고 노력하면서 사는 사람들이 많다. 소용없는 일이다. 세상 사람들은 당신 그리고 나에게 아무런 관심이 없다. 그들은 오로지 종일토록 자기 자신에게만 관심을 가질 뿐이다."

실제로 데일 카네기는 재미있는 연구 결과를 제시합니다. 미국 뉴욕시 전화회사에서 전화 통화 중에 어떤 말이 가장 많이 쓰이고 있는가를 조사했답니다. 예상한 대로 1인칭 대명사인 '나는' 또는 '내가'라는 말이 가장 많이 사용되었습니다. '나는' 그리고 '내가'라는 단어는 통화가 500번이 있을 때 무려 3천9백 번이나 사용되었다고 합니다. 그만큼 세상 사람에게, 아니 우리에게 '나 자신'은 그 무엇보다 중요합니다.

비슷한 사례는 얼마든지 있습니다. 당신이 찍힌 단체 사진을 처음 보았을 때 누구에게 가장 먼저 눈이 가나요? 멋진 남자요? 예쁜 여자요? 아닙니다. '나'입니다. 못생겼건 이상하건 일단 나 자신부터 찾는 게 사람입니다. 단체 사진 속의 사람이 백 명이든 천 명이든 관계없이 말입니다. 왜냐고요? 이미 우리는 배웠습니다. 사람은 오직 자기 자신에게만 관심을 가질 뿐이라는 사실을 말입니다.

데일 카네기가 파악해 낸 통찰처럼 사람들이 자기 자신에게만 관심 가지는 것은 당연합니다. 사람은 자신의 감정과 생각, 경험을 직접 느낄 수 있기에 자신에 대해서는 더 잘 이해하고, 더 많은 관심을 가지게 되는 겁니다. 사람은 자신의 생존과 안전을 위해, 자신의 필요와 욕구를 충족시키기 위해 자기 자신에게 더 많은 관심을 가지게 됩니다.

하지만 타인에게 관심이 없는 사람은 인생을 살아가면서 어려움을 겪습니다. 인간의 모든 성공과 실패는 타인을 향한 관심을 어떻게 그리고 얼마나 보여주느냐에 있기 때문입니다. 이를 알고 실행하면 세상 그 어느 곳에서나 환영받는 사람이 됩니다. 이를 알아채지 못하고 또 해내지 못한다면? 세상 그 어느 곳에서도 환영받지 못할 것입니다. 하지만 방법이 있습니다. '개처럼 살면' 됩니다.

어떤 사람이 되시겠습니까?

데일 카네기 관계 노트 08

누군가가 나를 비난할 때 즉시 할 수 있는 최고의 대응 방법

•

어리석은 사람일수록 자기를 방어하느라 전전긍긍한다. 이제 누군가가 우리를 비난할 때 자신을 변호하지 않기로 해보자.

우리는 보다 독창적이고 겸허하며 훌륭하게 행동해야 하는데 그것은 "나의 온갖 결점에 대해 내가 먼저 더 통렬하면서도 혹독하게 나 자신을 비난하며 때려눕힐 것이다"라고 말함으로써 비난꾼으로 하여금 어리둥절하게 하는 일이다.

_____

_____

_____

_____

_____

5장

어떤 것도
통하지 않을 때
시도해 보는
최후의 수단

•

사람들이 누군가를 칭찬할 때 처음에는 칭찬으로 시작하나
마지막에는 '그러나'라는 단어와 함께 비난하는 말로 끝을 맺는다.
이제 이렇게 바꿔보자.
칭찬으로 시작하되 마지막을 '그리고'와 함께하는 것이다.

미움을
사지 않으면서
잘못을
지적하는 방법

1년에 한 번 대한민국은 수능이라는 행사를 겪습니다. 단순하게 합격이냐, 불합격이냐를 결정하는 게 아니라 어느 대학 무슨 학과에 들어가는가를 결정짓는 시험이기에 수능은 잔인합니다. 어쨌거나 한 사람 한 사람 순위가 결정되기에 그러합니다. '초등학교 때부터 12년간의 공부가 수능을 위해서'라는 말이 있을 정도로 수능은 중요하게 여겨집니다.

그러니 전국 1등을 제외하고는 모두 아쉽기 마련입니다. 노력하고 기대했던 만큼 점수가 나오면 다행이지만 생각보다 점수가 낮으면 좌절이 클 수밖에 없습니다. 치열한 경쟁 속에서 대부분 점수에 만족할 수 없는 게 당연한 구조입니다. 만약 수능을 망친 자녀를 둔 부모는 아들에게 또는 딸에게 무슨 말을 해줘야 할까요? 대학 입시를 치를 나이면 이제 곧 성년인데 성인의 문턱을 넘고 있는 자녀에게 부모는 어떤 역할을 해줘야 할까요? 예를 들어 자녀가 자기관리의 실패로 수능을 망쳤다고 해볼까요. 자녀가 재수하면서 수능에 다시 도전한다고 선언했을 때 부모인 우리는 자녀를 향해 어떤 태도를 지녀야 할까요.

첫째, 스스로 깨달을 때까지 기다립니다. 직접 경험해 보지 않고도 아는 것이 지혜입니다. 이런 지혜를 얻으려면 경험한 사람의 얘기를 잘 들어야 하며, 이야기를 잘 들으려면 겸손해야 합니다. 자신이 잘났다고 생각하면 남의 말을 잘 듣지 않습니다. 겸손한 사람만이 지혜롭습니다. 아이들이 말을 듣지 않아 시행착오를 겪는 것을 보면서 시간을 낭비하고 인생을 탕진하는 것 같아 안타깝지만 아이 스스로 부딪히며 깨달아야 하는 일도 있는 법입니다.

아이가 어릴 때는 부모가 시키는 대로 따르지만 클수록 부모의 생각이 아이의 자아와 부딪히는 때가 많습니다. 이제는 부모의 생각을 말해주고 아이가 스스로 깨달을 때까지 기다려주는 수밖에 없습니다. 가슴이 아파도 아이가 실수하고 실패하며 스스로 깨닫기를 지켜보며 기다릴 수밖에 없습니다. 아이들이 그렇게 성장하는 것을 바라보는 겁니다.

둘째, 선택을 잘할 수 있도록 격려합니다. 아이가 수능을 못 봤다고 반성하고 하루아침에 공부를 열심히 할 거란 기대는 하지 않는 것이 좋습니다. 사람은 경험에서 배우긴 하지만 그 깨달음이 행동으로 옮겨지기까지는 또 긴 시간이 걸리니까요. 예컨대 담배가 나쁘다는 것을 아는 것과 담배를 끊는 것은 다른 문제입니다. 옆에서 "담배가 나쁜 걸 알면서 왜 못 끊어?"라고 해도 아무 소용없습니다. 나쁜 걸 알면서 계속 피우는 사람은 얼마나 답답할까요.

아이가 속상해하며 "좀 더 열심히 공부할 걸" 하면서 후회한다고 이전보다 더 열심히 공부하거나 이전과 달리 성실하게 변하는 건 쉬운 일이 아닙니다. 그렇다고 "너는 시험을 망쳤으면 뭔가 변하는 게 있어야 할 거 아냐"라고 다그친다면? 재도전을 준비하는 데 오히려 아이의 마음에 상처를 주는 일일뿐입니다.

다 큰 자녀에게 부모가 할 수 있는 일이란 긍정적인 방향으로 변할 수 있도록 조언해 주면서 격려하고 응원하는 것입니다. 자녀에게 바람직한 방향을 제시해 주고 옳은 결정을 내리도록 응원하고 다시 출발할 수 있도록 격려해 주면서 동기를 부여해 주는 것이죠.

셋째, 자녀가 내린 결정을 존중합니다. 점수에 맞춰 어떤 대학이라도 가든, 다시 수능에 도전하든, 어떤 선택을 하더라도 자녀의 결정을 존중해야 합니다. 부모는 자신이 결정을 내리고 자녀가 결정을 따르기를 원하는 게 일반적일 겁니다. 하지만 결국 결정은 아이가 내려야 합니다. 부모의 역할은 아이가 올바른 결정을 내리도록 대안을 제시하고 격려하는 데까지가 전부입니다.

특히 직설적으로 상대방의 잘못을 비난하는 일만큼은 하지 말아야 합니다. 사랑하는 사람이 실패했을 때 그의 마음에 상처를 주지 않고 응원하고 격려하는 우리가 되어야 합니다. 그 방법은 직접적으로 공격적으로 문제가 된 상황을 언급하는 게 아니라 간접적으로 격려하는 일입니다. 이것이 사랑하는 사람과 계속 공존하는 방법입니다.

데일 카네기의 조언 역시 마찬가지였습니다. 그는 'How to Criticize-and Not Be Hated for It(상대방의 마음에 상처를 주지 않고 비판하는 방법)'에 대해 단 한 문장으로 말했습니다.

Call attention to people's mistakes indirectly.
사람들이 자신의 실수에 대해 간접적으로 깨닫게 하라.

> 말을 함부로 하면서 언제까지 자신은
> '솔직하고 뒤끝이 없다'라고 변명만 할 텐가?

제철소를 운영하던 찰스 슈왑이 어느 날 공장을 돌아보는데 직원 몇 명이 담배를 피우고 있습니다. 그런데 그들의 머리 위에는 '금연'이라는 팻말이 걸려 있었죠. 찰스 슈왑은 그들에게 다가섭니다. 한마디합니다. 뭐라고 했을까요? "당신들은 여기 이 글자도 읽을 줄 몰라?" 아닙니다. 그는 그들에게 다가가 일단 담배 한 개비씩 나누어 주고는 말했습니다. "밖에 나가서 피워주면 정말 고맙겠네."

명백하게 규칙을 어긴 그들에게 잘못에 대해서는 단 한마디도 없이, 거기에 담배 한 개비라는 작은 선물까지 더하면서 그들의 자존감에 상처를 주지 않은 찰스 슈왑의 태도는 현명합니다. 이런 사람이 우리의 직장 상사라면 그 회사에 다니고 싶지 않을까요. 그는 알고 있었습니다. 누군가의 실수에 대해 간접적으로 암시하며 알려주는 방법이야말로 놀라운 효과를 보인다는 것을.

물론 직설적인 사람, 솔직한 사람, 때에 따라서는 시원시원하고 명쾌한 것이 좋게 느껴질 때도 있을 겁니다. 하지만 솔직함과 무례함은 구분되어야 합니다. 나는 솔직하다고 생각하는데 상대방이 느낄 때 무례하다면 그건 무례한 겁니다. 객관적으로 직접적으로 말해준다고 하지만 상대방은 '너만 입 있는 게 아니야. 그냥 내가 참을 뿐이야'라고 생각하고 있을지도 모릅니다.

"너를 위해서 솔직하게 말해줄게"라는 말이 처음에는 고마울 수도 있습니다. 하지만 반복되면 아무리 마음에 진정성이 가득하다고 하더라도 상대방은 상처받고 질리는 경우가 허다합니다. 직설적이라는 말은 대부분 지적질로 상대방에게 전달된다는 사실을 꼭 알아야 합니다. 원래 말투가 그러니까 어쩔 수 없다면서 자신의 거친 말투를 변명하는 건 게으름입니다.

소위 '돌직구' 말투에 질렸다는 분의 이야기입니다. "주변에 그런 사람 있습니다. 그냥 감정지수가 부족한 사람이라고 생각하면서 제가 피합니다. 융통성이라고는 전혀 없고, 자기 말만 옳고, 사람 편 가르고, 타인의 단점은 모욕감이 들 정도로 직설적으로 까발리고…. 가까이할 이유가 없습니다. 그냥 그런 사람들, 이제는 열등감의 또 다른 표출이라고 생각하고 맙니다."

　말을 함부로 하는 것을 두고 솔직하고 뒤끝이 없다고 하면서 이걸 자랑하는 사람이 있습니다. 하지만 '뒤끝이 없다'라고 해서 모든 것이 괜찮은 걸까요. 당연히 뒤끝이 없겠죠. 본인은 하고픈 대로 다 내뱉었으니. 하지만 거르는 거 하나 없이 하고 싶은 말 다 하고 산다면 하고픈 대로 다 하는 동물과 도대체 뭐가 다른 걸까요.

상대방의 잘못을 지적하고자 할 때 기억해야 할 접속사, '그러나' 대신 '그리고'

데일 카네기의 조언입니다. **"세 글자로 된 단어를 어떻게 쓰느냐에 따라 상대방의 기분은 상하거나 혹은 괜찮아진다. 칭찬을 예로 들어보자. 사람들이 누군가를 칭찬할 때 처음에는 칭찬으로 시작하나 마지막에는 '그러나'라는 단어와 함께 비난하는 말로 끝을**

맺는다. 이제 이렇게 바꿔보자. 칭찬으로 시작하되 마지막을 '그리고'와 함께하는 것이다."

자녀의 성적이 올랐습니다. 하지만 여전히 전체적으로는 좋지 않습니다. 평소에 산만한 태도가 문제였습니다. 부모인 우리는 어떻게 자녀에게 말해야 할까요? 아이의 마음에 상처를 주지 않고, 미움을 사지 않으면서도, 부모로서 하고 싶은 말을 하려면 말입니다. 다음의 두 가지 중에서 골라보시겠습니까?

❶ "이번 학기에 성적이 올라서 네가 정말 자랑스러워. 그러나 다음 시험에는 수학을 열심히 하면 더욱 좋을 거 같아."

❷ "이번 학기에 성적이 올라서 네가 정말 자랑스러워. 그리고 다음 시험에는 수학을 열심히 하면 더욱 좋을 거 같아."

데일 카네기는 ②를 선택해야 한다고 말합니다. 나쁜 성적에 대한 언급이 '그러나'가 아닌 '그리고'로 바뀐 것만으로도 자녀는 비판이 아닌 칭찬의 소리로 듣게 된다는 겁니다. 부모는 할 말을 다한 셈이고요. 자녀가 해주었으면 하는 행동을 간접적으로 암시해 주었기에 자녀의 마음에 상처를 주는 일도 없을 겁니다.

사랑하는 누군가가 눈앞에 있습니까. 그가 꿈을 꿀 준비를 할 수 있도록 도와주고 싶습니까. 실패를 두려워하지 않으면서, 포기를 선택하는 대신 앞으로 나아가게 하고 싶으십니까. 그렇다면 앞으로 사랑하는 그 누군가를 향해 직접적이고 직설적인 비난이나 비판은 삼가십시오. '그러나' 대신 '그리고'를 활용해 그들이 잘못을 편하게 받아들일 수 있도록 간접적으로 말하는 방법을 고민해 보세요. 미움을 받지 않으면서 잘못을 지적하는 현명한 방법을 고민해 보세요.

품격은
실패한 '사람'이 아닌
실패의 '순간'을 바라볼 때
드러난다

데일 카네기의 친구 중에 40대 독신 남성이 있었는데 기회가 생겨 연인을 만나고 결국 약혼까지 하게 됩니다. 그의 약혼녀가 결혼식에서 나름의 퍼포먼스를 보여주고자 했는지 남자에게 댄스를 배워보라고 합니다. 그때 그는 머뭇거립니다. 20년 전에 있었던 일 때문입니다.

"20년 전에 댄스 교습을 받은 적이 있습니다. 처음 배웠죠. 하지만 당시 선생님은 저의 동작을 보고서 바로 결론을 내렸습니다. '엉망이네요.' 그리고 이전에 무엇을 배웠는지 모르겠으나 처음부터 새로 시작해야 한다는 말을 들었습니다. 의욕을 잃었습니다. 배울 마음이 사라졌고 댄스 교습은 거기서 끝이었습니다."

그랬던 그가 다시 찾아간 댄스 교습소에서 새롭게 만난 선생님은 20년 전의 선생님과 달랐습니다.

"당신의 춤은 조금 아쉽긴 합니다. 하지만 기초는 괜찮은데요? 몇 가지 스텝만 배우면 아무런 문제가 없을 겁니다."

선생님의 칭찬을 듣고 의욕을 되찾은 그는 바로 수강료를 지불하고 댄스를 배우기 시작합니다. 약혼식에서는 멋진 댄스로 청중의 시선을 사로잡습니다.

상대방이 명백하게 실수했습니까? 나와 다르게 살아가는 상대방의 실수 혹은 잘못이 있다고 하더라도 굳이 그것을 강조해서 마음을 상하게 하지 마세요. 잘한 건 칭찬하되 설령 잘못하는 게 있다고 하더라도 그것을 손톱만 하게 줄여주려고 노력해야 합니다. 설령 상대방이 자기가 댄스에 엉망임을 알고 있더라도 '혹시 내가 그래도 재능은 있나?'라고 마음 한구석에 긍정적 의욕이 생기도록 해야 하는 것처럼 말입니다.

데일 카네기는 'Make The Fault Seem Easy to Correct(상대방이 실수했더라도 그 실수를 쉽게 고칠 수 있는 거라고 생각하게 해야 한다)'라면서 이렇게 조언합니다.

> **Use encouragement.**
> **Make the fault seem easy to correct.**
> **격려하라!**
> **상대방의 잘못이 쉽게 고쳐질 수 있다고 느끼게 하라.**

자녀가 잘해보려는 마음의 싹을
냉정하게 잘라내려는 사람, 혹시 당신은 아닌가?

나도 상대방도 모든 걸 잘할 수는 없습니다. 실수하고, 잘못하고, 또 실패에 이릅니다. 그런데 아십니까? 실패라는 단어는 실패한 사람보다 실패를 바라보는 사람의 품격을 드러내는 순간이라는 것을 말입니다. 누군가의 실수나 실패를 어떻게 바라보고 행동하느냐가 바로 나 자신의 인격이라는 것을 기억해야 합니다. 이를 위해 상대방의 잘못에 대처하는 방법을 준비해야 합니다. 다음을 알아두면 좋겠습니다.

첫째, 상대방의 실수를 이해하고 공감할 줄 알아야 합니다. 이는 곧 상대방을 존중하고 배려하는 태도를 보여주는 것과 같습니다. 그래야 상대방 역시 자신의 실수를 흔쾌히 인정하고 받아들일 수 있습니다.

둘째, 상대방의 실수를 구체적으로 설명하되, 얼마든지 나아질 수 있다고 말해야 합니다. 상대방이 자신의 실수를 정확하게 이해하고 개선할 수 있는 방향을 찾을 수 있도록 도와주어야 합니다.

마지막으로, 상대방이 실수를 개선할 수 있도록 격려해야 합니다. 상대방이 실수를 교훈 삼아 성장할 수 있도록 해야 합니다. 물론 상대방의 성격과 상황에 맞는 적절한 방법으로 대처하는 것이 중요합니다. 또한 상대방이 실수를 받아들일 준비가 되어 있는지 확인하는 것도 잊지 말아야 합니다. 이렇게 하면 상대방의 실수에도 불구하고 인간관계를 훼손시키지 않으면서 원만하게 유지할 수 있습니다.

누구나 실수하면 기분이 상합니다. 질책보다는 위로가 필요합니다. 이때 우리의 말과 행동은 상대방에게 용기를 주어야 합니다. 희망을 주고 더 잘하고 싶은 마음이 가득하게 해야 합니다. 당신의 자녀나 배우자나 직원에게 그들이 어떤 일에 무능하다거나, 재능이 없다거나, 하는 일마다 모두 엉망이라고 말해보세요. 그러면 그들은 마음속에서 잘해보려는 의지를 모두 꺾고 패배자의 길로 향하게 될 테니까요.

우리가 해야 할 것은? 이것과 정반대입니다. 격려를 아끼지 않고, 그들의 능력을 믿고 있다고 말해주고, 상대방이 아직 계발하지 못한 잠재력이 풍부하다는 걸 상기해주어야 합니다. 그러면 그들 역시 자신의 우수성을 보여주고자 의욕을 갖고 성공할 때까지 자신이 맡은 역할을 해낼 수 있을 겁니다. 사람들에게 자신감을 불어넣고 용기와 신념을 갖도록 격려해야 할 이유입니다.

'프랑켄슈타인'이라고 놀림받던 아이가
전국 우등생 협회 회원이 되기까지

어릴 적 자동차 사고를 당해 머리 쪽에 수술을 한 15세의 소년 데이비드가 있습니다. 이 아이가 초등학교에 입학할 무렵에 머리의 상처를 본 학교에서는 데이비드의 인지가 정상적이지 않을 것이라 지레 판단을 내리고는 학습 지진아를 위한 특수학급에서 공부하도록 배정합니다. 다른 모든 사람이 이 소년에 대해 관심을 두지 않았지만 아이의 아버지만은 달랐습니다. 그는 아들이 학교에 잘 적응할 수 있도록 최선을 다합니다.

라디오 등을 만지는 걸 좋아하던 데이비드의 성향을 파악한 아버지는 "라디오를 다루는 기술자가 되려면 수학을 배워둬야 한다"라고 조언해 주고 아이가 수학의 기본 개념에 익숙해지도록 돕습니다. 아버지가 직접 수학 공부를 위한 카드 게임을 만들어 아들과 함께 밤마다 합니다. 물론 처음에는 데이비드의 게임 수행 능력은 형편없었습니다. 하지만 아버지는 늘 격려만 했습니다.

아들이 한 단계씩 능력치를 올릴 때마다 아버지는 아이를 품에 껴안고 기쁨의 춤을 춥니다. 아들은 아버지의 칭찬과 격려를 통해 수학 공부에 즐거움을 느낍니다. 덩달아 수학 점수는 놀라울 정도로 높아졌습니다. 곧 자기 나이대의 학생들 수준과 비교해도 전혀 뒤처지지 않게 됩니다. 수학 능력을 높이니 연쇄적으로 과학적 탐구력도 좋아집니다. 과학 전시회에 나가 상을 획득할 정도가 됩니다.

결국 데이비드는 고등학교를 마칠 때까지 우등생 대열에서 빠지지 않습니다. 졸업 무렵에는? 미국 전역에서 선정한 우등생 협회 회원으로 선출되었습니다. 배운다는 게 어렵지 않다는 것을 알게 된 아이의 인생이 극적으로 변한 것입니다.

한 번도 아버지는 데이비드에게 "너는 사고도 당했고 머리를 다쳤을 수도 있으니 공부 같은 건 그만둬라"라고 말하지 않았습니다. 아니, 그 사고 자체도 말하지 않았습니다.

사랑하는 누군가가 멋진 인생을 살게 하고자 합니까. 그렇다면 데일 카네기가 제안한 원칙을 머리에 떠올려보세요. 혹시 잊어버리셨을 수도 있으니 따라해볼까요.

"격려하라! 상대방이 잘못을 쉽게 고칠 수 있다고 느끼게 하라." 기억나시죠? 그렇습니다. 상대방이 본인의 잘못을, 결점을 이겨낼 수 있도록 북돋아 주세요. 얼마든지 고칠 수 있는 것이라 말해주세요. 상대방이 충분히 자기의 인생을 개선해 나갈 수 있도록 있는 힘껏 칭찬해 주세요.

모두가 당신과 있을 때 웃음이 나오는, 기쁨이 생기는 그런 사람이길 바랍니다. 함께 있을 때 웃음이 나오지 않는 사람과는 결코 진정한 사랑에 빠질 수 없으니까요. 질책보다는 칭찬과 격려 가득한 당신이 되기를 바랍니다.

세상 그 어떤 사람도 성공으로 이끄는 방법

•

동물 쇼를 하면서 평생을 서커스와 곡예단을 따라 돌아다닌 피트 발로는 나의 오랜 친구다. 나는 피트가 새로 들여온 개에게 재주를 가르치는 것을 구경하기 좋아했다.

개가 조금이라도 잘하면 피트는 그 개를 쓰다듬고 칭찬해 주면서 고기를 던져주고 추켜올려 주었다. 이 방법은 새로운 것이 아니다. 동물 조련사들은 오랫동안 이 방법을 사용해 왔다.

그렇다면 동물을 훈련할 때 사용하는 이 기본적 상식을 왜 사람을 변화시키려고 할 때는 사용하지 않는 것일까?

_____

_____

_____

우리의 생각,
드라마처럼
드러낼 수 있다면

인간관계에서 가끔은 가면을 쓰고 상대방을 대해야 할 때가 있습니다. 첫째, 상대방의 입장을 고려할 때입니다. 예를 들어 직장에서 상사에게 자신의 의견을 말할 때 상사의 입장을 고려해 자신의 의견을 조심스럽게 전달하는 게 그것입니다. 둘째, 갈등을 피할 때입니다. 친구와 의견이 다를 때 친구와 관계를 유지하기 위해 자신의 의견을 굽히는 것이 그것입니다.

이런 것은 모두 나 자신을 보호하기 위해서입니다. 있는 그대로 자신의 감정이나 생각을 드러내지 않고, 상대방이 원하는 모습으로 대응하는 건 결국 나 자신을 지키는 겁니다. 폭력적인 사람과 대화할 때 자신의 안전을 위해 감정을 드러내지 않으면서 상대방이 원하는 모습으로 대하는 것 등이 그 예입니다. 직장이나 사업장에서 갑의 위치에 있는 누군가를 대할 때도 '가끔은' 가면을 써야 하는 것도 우리의 모습입니다.

물론 인간관계에서 가면을 쓰는 것이 '정상적'이라고 말하는 건 아닙니다. 가면을 쓰는 것은 상대방과의 관계를 개선하고, 신뢰를 형성하는 데 도움이 되는 상황이기에 불가피하게 행하는 것입니다. 한편으로는 가면을 쓰는 것이 나 자신을 잃어버리는 결과로 이어지지 않도록 주의해야 합니다. 가면에 익숙해지면서 정체성이 혼란스러워지는 경험을 한다면 문제일 겁니다.

뭔가 답답한가요? 가면을 쓰고 살아야 하니 말입니다. 그렇다면 데일 카네기의 말처럼 '가면'이라는 말 대신 '쇼'라는 말을 사용하면 어떨까요. 데일 카네기는 "The Movies Do It. TV Does It. Why Don't You Do It(영화 속 주인공처럼, TV 속 연기자처럼 하라. 왜 하지 않는가)?"라고 말하면서 인간관계도 결국 드라마의 연속이니 필요하면 연기자가 되라고 합니다.

　데일 카네기의 말은 나의 본성과 전혀 다른 사람으로 살라는 말이 아닙니다. 다만 인간관계에 있어 원하는 것을 얻고자 한다면 단순히 사실을 말하기보다는 극적인 효과를 누리라는 겁니다. 충분히 받아들일 만한 이유입니다. 당신만의 생각을 세상에 보이고 싶습니까? 이제 데일 카네기의 조언을 인간관계에 적용해 보면 어떨까요. 그 조언은 이것입니다.

Dramatize your ideas.
당신의 아이디어를 극적으로 보여줘라.

일주일 일정이 꽉 찼다는 사람과 당일 약속을 잡는 법, '극적인 효과의 힘'

미국 인디애나주에 사는 한 직장인이 회사 문제에 대해 사장과 직접 만나 의논해야 할 필요를 느낍니다. 한 주가 시작되는 월요일 아침, 그는 사장의 비서에게 만남을 신청합니다. 비서는 사장의 일정이 꽉 짜여 있으나 한번 말해보겠다고 합니다. 일주일이 지납니다. 비서에게는 연락이 없었습니다. 비서에게 다시 물었으나 "일정이 비지 않는다"라는 대답뿐입니다.

사장과 만남을 원했던 그는 고민합니다. 고민의 결론은? 사장에게 직접 말하는 것이었습니다. "일주일 내내 바쁘신 것을 압니다만 사장님께 상의를 드리고자 하는 중요한 일이 있습니다." 비서에게 말한 것과 같은 내용이었습니다. 하지만 다른 게 있었습니다. 직접 말하는 게 아니라 편지에 별도의 용지를 넣고 자신의 이름으로 된 봉투를 넣은 후 회신을 요청한 것입니다. 편지의 내용 역시 조금은 특별했습니다. 내용은 이랬습니다.

"Ms. Wolf, I will be able to see you on ____ at ____ A.M/ P.M. I will give you ____ minutes of my time(사장님, 저는 ____ 요일 오전/오후 ____ 시에 사장님을 만날 수 있습니다. 사장님과 ____분 동안 이야기를 나눌 수 있습니다)."

그는 이 편지를 써서 오전 11시에 사장의 우편함에 직접 넣고 그날 오후 2시에 자신의 우편함을 열어봅니다. 사장이 직접 쓴 답장이 와 있었습니다. 바로 그날 오후에 10분 동안 만남의 시간을 갖자는 것이었습니다. 결국 만남은 이루어졌고 10분이 아닌 1시간 넘는 시간 동안 사장과 이야기를 나누면서 문제를 매듭짓게 됩니다. 그는 회상합니다. "사장을 만나고 싶어 한다는 사실을 극적인 방법으로 표현하지 않았더라면, 아마 지금까지도 사장의 회신을 마냥 기다리고 있었을 겁니다."

데일 카네기의 시대, 즉 1900년대 초중반만 이렇게 극적인 효과가 필요했던 때일까요? 아닙니다. 오히려 지금이야말로 더욱 극적인 효과가 필요합니다. 단순히 사실을 말하는 것만으로 상대방은 움직이지 않습니다. 생생하고 흥미롭고 극적으로 사실을 전달해야 합니다. 다른 사람들로부터 관심을 끌기를 원한다면 우리의 표현은 극적이어야 합니다. 소위 '쇼맨십'을 발휘해야 합니다.

새로 출시한 쥐약 판매를 위해
살아 있는 쥐 두 마리를 투입했다?

가면, 쇼맨십 그리고 극적인 효과…. "꼭 그렇게까지 해야 해? 그냥 하고 싶은 대로 하면 안 돼?" 의문이 들 수 있습니다. 하지만 하고 싶은 대로 하면서 산다면 돌아오는 것 역시 상대방도 하고 싶은 대로 하는 것일 뿐입니다. 괜히 '쇼윈도'가 필요한 게 아닙니다. 무언가를 얻고자 한다면 할 건 해야 합니다. 인간관계에서도 '쇼윈도'가 필요합니다. 데일 카네기는 이를 두고 '노력'이라고 말합니다. 내 마음대로 해서 내 마음대로 결과가 나오는 경우는 세상에 찾아보기 힘들다는 것입니다.

신제품 쥐약을 개발한 회사가 있습니다. 매장에 상품을 보내고 그냥 '효과 좋은 쥐약'이라고 하면 이 쥐약이 잘 팔릴까요. 미국에서 새로운 효과를 지닌 쥐약을 개발한 한 업체 역시 그랬습니다. 처음에는 대리점에 쥐약을 배포하였으나 판매가 엉망이었습니다. '쇼'를 해보기로 결심합니다. 대리점에서 살아 있는 쥐 두 마리를 이용해 –어떻게 이용했을까요?– 판매를 한 것이죠. 결과는? 평소보다 다섯 배가 넘는 판매가 이루어집니다.

'이렇게 좋은 쥐약을 왜 못 알아봐?'라고 생각하면서 그저 가만히만 있었다면 좋은 결과는 절대 없었을 겁니다. 하고 싶은 대로 한 게 아니라 상대방이 원하는 걸 고민해서 보여주자, 즉 '쇼'를 하자 폭발적인 성과가 나타납니다. 인간관계 역시 마찬가지입니다. 그럼에도 여전히 내가 하고 싶은 대로 인간관계를 맺으려 한다면? 원하는 것을 얻기는커녕 오히려 다음과 같은 문제만 발생한다는 사실을 기억해야 합니다.

첫째, 상대방과 갈등이 생깁니다. 자기 하고 싶은 대로 인간관계를 맺으려는 사람은 상대방의 입장을 고려하지 않고, 자신의 생각이나 감정을 우선시하는 경향이 있습니다. 이는 상대방과 갈등을 유발할 수 있습니다. 예를 들어 친구와 의견이 다를 때, 하고 싶은 대로 주장을 굽히지 않으면 친구와 갈등이 발생할 수 있습니다.

둘째, 관계가 단절됩니다. 자기 하고 싶은 대로 인간관계를 맺으려는 사람은 상대방의 감정을 상하게 하거나, 상대방의 기대에 부응하지 못하면 관계가 단절될 수 있습니다. 예를 들어 연인이 하고 싶은 대로만 행동하고, 상대의 감정을 고려하지 않으면 관계가 단절될 수 있습니다.

셋째, 자신에게도 해롭습니다. 자기 하고 싶은 대로 인간관계를 맺으려는 사람은 상대방의 마음을 얻기 위해 자신의 본모습을 감추거나, 타협하는 경우가 많습니다. 이는 자신에게도 해로울 수 있습니다. 예를 들어 친구에게 좋은 사람으로 보이기 위해 자신의 의견을 굽히면 원하는 것을 얻을 수 없을 뿐만 아니라, 자신까지 잃어버릴 수도 있습니다.

인간관계는 서로의 이해와 배려가 필요한 관계입니다. 자기 하고 싶은 대로 인간관계를 맺으려는 것은 바람직하지 않습니다. 상대방의 입장을 고려하고, 상대방의 감정을 존중하는 태도로 인간관계를 맺는 것이 중요합니다. 상대방의 입장을 고려한다는 건, 상대방의 감정을 존중하는 태도라는 건, 결국 상대방이 원하는 방식으로 나의 표현과 행동을 가다듬는 것입니다. 데일 카네기가 말하는 '쇼맨십'이 바로 그것입니다.

엉망이 된 인간관계를 기적처럼 회복시키는 비결

바보가 하는 짓의 목록입니다.

첫째, 다른 사람의 생각은 틀렸다.

둘째, 그래서 그들을 비난한다.

바보가 되겠습니까? 아닐 겁니다. 그렇다면 현자(賢者)가 되고 싶을 겁니다. 현자가 되는 방법은? 바보가 하는 짓을 반대로만 하면 됩니다.

첫째, 다른 사람의 생각은 옳다.

둘째, 그래서 그들을 인정한다.

이제 데일 카네기의 말을 들어볼 차례입니다. "어떤 사람이 자기 방식대로 생각하고 행동하는 데는 나름대로 이유가 있다. 우리는 그 이유를 먼저 알아보아야 한다. 그 이유를 알게 되면 우리는 그의 행동, 어쩌면 그의 인간성까지도 이해할 수 있는 열쇠를 얻게 될 것이다." 이렇게 말하면서 데일 카네기는 인간관계에서 기적을 일으키게 만드는 공식을 소개합니다. 'A Formula That Will Work Wonders For You(당신에게 놀라운 효과를 주는 공식)'으로 단 한 문장일 뿐입니다.

> **Try honestly to see things
> from the other person's point of view.**
> 상대방의 관점에서 사물을 보려고 진실하게 노력하라.

백전백승,
면접시험에서 합격하는 방법

하버드 경영대학원의 한 교수가 한 말을 두고 데일 카네기는 '참으로 중요한' 말이라고 하면서 반드시 기억해 두라고 합니다. "누군가와 대화를 할 때 내가 어떤 말을 할 것인지, 또 그에 대해 상대방이 어떤 관심이나 동기를 갖고 어떻게 대답할 것인지를 생각하지 않았다면, 나는 대화 대신에 차라리 사무실 밖에서 두 시간 동안 서성이는 것을 선택하는 게 더 낫다고 생각한다."

　면접을 보러 가는 취업준비생이 있다고 해볼까요. 그는 무슨 준비를 해야 할까요? 내가 했던 일, 내가 쌓은 학력, 내가 취득한 자격증…. 과연 면접관은 그것들을 어떻게 받아들일까요? 면접관이 내가 한 말에 관심을 두지 않는다면? 그건 면접을 보기도 전에 실패한 것이나 다름없습니다. 데일 카네기의 말에 따르면 이럴 때는 면접장 주변에서 두 시간 동안 서성이는 게 낫습니다. 언젠가 국내 최고의 배달 회사를 창업한 대표가 면접장에서 보여줬다는 모습을 읽은 적이 있습니다. 대략 다음과 같은 광경이었다고 합니다.

대표	**다른 회사 면접도 많이 보셨겠네요?**
취업준비생	**지난주에도 N사의 마지막 면접까지 갔다가 떨어졌습니다.**
대표	**아, 저도 그 회사 출신이에요. 무척 가고 싶은 회사였을 텐데….**
취업준비생	**네, 사실 가고 싶었습니다.**
대표	**궁금하네요. 불합격 소식을 듣고 난 다음에 뭘 하셨어요?**
취업준비생	**힘내려고 맛있는 거 먹으러 갔어요.**
대표	**떨어질 때마다 늘 그러시나요?**
취업준비생	**네, 제 습관입니다.**
대표	**합격!**

신기하죠? 불합격 소식에 "힘내려고 맛있는 거 먹으러 갔어요"

라고 말했을 뿐인데 "합격"을 외치다니…. 과연 대표의 생각은 무엇이었을까요? "그분은 직장인이 가져야 할 좋은 습관을 지니고 있었어요. 사실 회사라는 곳이 재미있는 일이 생기는 곳은 아니잖아요? 누구나 피하고 싶은, 그런 일만 일어나는 게 오히려 당연합니다. 그 과정에서 마음에 상처를 얻고, 우울해지고, 비참한 기분에 빠지고…. 그런데 그분은 그런 어려움을 쉽게 이겨내는 좋은 습관, 즉 긍정의 에너지를 스스로 만들어낼 줄 압니다. 직장인으로서 최고의 습관을 지닌 분입니다." 이런 정보를 알고 면접에 임한다면 어떻게 될까요? 국내 최고의 배달 회사에서 한 자리는 이제 당신의 것입니다.

"저 같은 사람 때문에
너무 힘드시죠?"

상대방의 관점에서 모든 것을 보려는 노력이 진행될 때 우리에게는 기적이 일어납니다. 다른 사람의 눈을 통해 세상을 보는 일은 우리의 생애에 획기적인 전환점을 마련해 주는 기적의 시작이 됩니다. 데일 카네기가 사례로 든 호주에 사는 한 여성의 이야기입니다. 그는 한 달 넘게 자동차 할부금을 내지 못했습니다. 전화를 받습니다. 그것도 일요일 아침 이른 시간에. "다음 주 월요일 아침까지 할부금을 내지 않으면 법적 조치를 취하겠습니다."

일요일 그것도 이른 시간에 이런 전화를 받은 사람이 당신이라고 해볼까요? 잠도 덜 깼는데 화가 벌컥 나지 않겠습니까. 하지만 그 여성은 이렇게 답합니다. "불편하게 해서 대단히 죄송합니다. 할부금을 내지 못한 게 사실 이번이 처음이 아니니까…. 저야말로 정말 성가신 고객이 분명할 겁니다."

"할부금 내라"라는 딱딱한 말에 첫째 자신의 잘못을 말하고, 둘째 그 잘못의 사실관계를 언급하며, 셋째 그렇게 한 자기 자신이 '성가신' 고객이라고 하면 과연 상대방은 어떻게 대답할 수밖에 없을까요. 네, 자동차 할부금 담당자의 대답은 이랬습니다. "아, 아니에요. '성가신' 고객이라뇨. 그건 아닙니다. 괜찮습니다. 사실 고객 중에서는 할부금을 내지 못하고 이를 안내하는 전화를 받지 않는 건 물론이고 오히려 화를 내고 심지어는 거짓말을 하는 분들이 얼마나 많은데요. 게다가…."

그의 이야기는 한참이나 이어졌답니다. 여성은 그저 그의 이야기가 끝날 때까지 들어줬을 뿐이고요. 그런데 기적이 일어납니다. 자신이 아무런 말을 하지 않았음에도 "할부금을 당장 모두 낼 필요는 없다"라고 했다는 겁니다. 일부만 내고 나머지는 나중에 편할 때 내라고 했다는 것이죠. 데일 카네기는 이 사례를 통해 우리에게 조언합니다. **"누군가에게 무엇인가를 베풀어달라고 요구하기 전에 잠시 눈을 감고 다른 사람의 입장에서 사물을 바라보는 노력을 하라. 스스로 '그는 왜 그렇게 행동하는 걸까?' 하고 물어보는 것이다. 시간은 물론 더 걸린다. 인내심도 필요하다. 하지만 이렇게 하는 것이 적을 만들지 않으면서, 또 누군가와 마찰과 갈등을 거의 겪지 않으면서 더 나은 결실이 생기게 해주는 비결이다."**

누군가와 대화하기 전에 어떻게 말할 것인지를 미리 고민하세요. 상대방과 대화할 때, 상대방의 입장을 고려하고, 상대방이 이해하고 공감할 수 있는 말을 하는 것이 중요하다는 걸 마음에 새겨야 합니다. 또한 대화를 통해 어떤 목적을 달성하고 싶은지 미리 생각하고, 그 목적을 달성하기 위해 해야 할 말을 신중히 선택하는 것이 중요합니다.

물론 모든 대화를 미리 계획해서 진행할 수는 없습니다. 하지만 '중요한' 대화를 눈앞에 둔다면 시간의 여유를 가져도 괜찮지 않을까요. 시간을 두고 "상대방의 관점에서 세상과 사물을 볼 수 있도록 노력해야 한다"라는 데일 카네기의 말을 되새기며 자신의 언어를 가다듬는다면, 인간관계에 있어 기적을 이루는 시작이 될 것입니다.

논쟁에서
이기는
최고의 방법

데일 카네기가 어느 유명 인사의 모임에 초대를 받습니다. 우연히 그 유명 인사의 옆자리에 앉게 되었는데 그 유명 인사가 "성경에는 이런 말이 있습니다. '인간이 아무리 일을 벌여놓아도 최종적인 결정을 내리는 것은 신의 뜻이다'"라면서 자신의 이야기를 이어가고 있었습니다. 데일 카네기는 문득 그 말이 성경에 있는 말이 아

5장 어떤 것도 통하지 않을 때 시도해 보는 최후의 수단 229

니라는 걸 알게 됩니다. 바로 잘못을 지적합니다. "그건 성경에 있는 말이 아니라 셰익스피어의⋯." 바로 유명 인사의 입에서 반박의 말이 나옵니다. "무슨 말씀이에요? 성경에 나오는 말 맞아요. 셰익스피어 작품에 나오는 말이라니!"

참고로 그 유명 인사와 데일 카네기 옆에는 셰익스피어를 연구해 온 학자가 있었답니다. 데일 카네기의 친구였죠. 그런데 그가 데일 카네기를 툭 치더니 이렇게 말했답니다. "이봐, 자네가 틀렸네. 이분 말씀이 옳아. 나도 성경에 나오는 말로 알고 있거든."

그날 밤 모임이 끝나고 집으로 돌아오는 길에 데일 카네기가 묻습니다. "자네. 그 인용문이 셰익스피어의 작품에 나오는 말이라는 걸 정말 몰라?" 이에 대해 친구가 답합니다. "물론 알고 있어. 셰익스피어의 작품《햄릿》5막 2장에 있는 문구지. 하지만 자네, 우리가 그 즐거운 모임의 손님이었다는 거 기억하나? 자네는 왜 우리를 초대한 분의 말이 틀렸다는 걸 증명하려 든단 말인가? 그렇게 해서 자네가 얻는 게 도대체 무엇이란 말인가? 그는 자네에게 의견을 묻지 않았네. 원하지도 않았고. 그런데 왜 굳이 그분과 논쟁하려고 했어? 사회생활을 잘하고자 한다면 항상 원만하게 처신해야 한다네."

이 사건을 통해 데일 카네기는 하나의 교훈을 얻게 됩니다. 'How to Win People to Your Way of Thinking(자신의 사고방식으로 사람을 얻는 방법)'에 대해 우선 'You Can't Win an Argument(당신은 논쟁에서 이길 수 없다)'를 전제로 인간관계에서 반드시 지켜야 할 하나의 원칙을 충고합니다.

The only way to get the best of an argument is to avoid it.
논쟁을 통해 원하는 것을 얻기 위한 유일한 방법은
논쟁을 피하는 것이다.

논쟁, 언쟁 혹은 말다툼이란
방울뱀이나 지진과도 같은 것이다. 그러니 논쟁 중지

논쟁에서 이기는 최고의 방법을 두고 데일 카네기는 자신 있게 답합니다. 그 방법은 단 한 가지뿐이라고요. 무엇일까요? 그 방법은 논쟁을 피하라는 겁니다. 허탈합니다. "주식에서 이기는 최고의 방법은 주식을 하지 마라"와 같은 말인 것 같습니다. 하지만 데일 카네기는 여전히 단호합니다. "방울뱀이 앞에 나타났다. 싸울 것인가? 지진이 닥쳐온다고 한다. 그것과 대치할 것인가? 논쟁도 마찬가지다. 그냥 피하면 된다."

'건설적인 토론'을 피하라는 게 아닙니다. '논쟁적인 토론'을 피하라는 겁니다. 대다수의 논쟁은 결국 참가자들이 자신의 의견이 절대적으로 옳다는 것을 더 확실하게 믿고 끝나는 경우가 대부분이니 굳이 논쟁에서 이겨봤자 인간관계 측면에서 아무런 도움이 되지 않음을 데일 카네기는 말하고 싶었던 게 아니었나 싶습니다. 데일 카네기의 말을 더 들어볼까요. **"당신은 논쟁에서 이길 수 없다. 왜냐하면 논쟁에서 지면 지는 것이고, 이겨도 지는 것이기 때문이다. 이겼는데 왜 지는 것인가? 왜 그럴까? 다른 사람이 당신과의 논쟁에서 상대가 안 된다는 걸 증명했다고 해보자. 그래서 어쨌다는 것인가? 기분이야 좋을지 모르겠으나 상대방의 기분은 도대체 어떻게 되겠는가? 당신은 그에게 열등감을 느끼게 했다. 그의 자존심을 구겨버렸다. 그는 당신의 승리를 혐오할 것이다."**

지면 지는 것이고, 이겨도 지는 게임, 이런 게임에 뛰어들 필요가 있을까요. 바로 '논쟁'이 그러한 게임입니다. 논쟁은 사람을 얻고자 하는 당신에게 아무런 이득을 가져다주지 못합니다. 특히 논쟁은 상대방의 감정을 상하게 한다는 점에서 문제가 됩니다. 논쟁으로 상대방의 감정을 해치게 되면? 관계는 악화됩니다. 그리고 상대방이 우리의 주장을 받아들이지 않을 가능성도 큽니다.

반대가 되어야 합니다. 우리의 대화는, 우리의 말투는, 상대방과의 관계에서 건전한 진전을 가져올 수 있도록 기능해야 합니다. 상대방의 감정을 상하게 하는 논쟁 대신 상대방이 얼마나 중요한 사람인지를 말해주는, 거기에 더해 그 상대방이 대화를 끝내고도 자기의 자부심을 보이도록 해주는, 그런 커뮤니케이션에 익숙해져야 합니다. 그때 상대방은 비로소 호의를 베풀기 시작할 것입니다.

> 개와 싸움을 하다가 개에 물리기보다는
> 길을 비켜주는 편이 낫지 않겠는가?

데일 카네기는 자신이 개설한 인간관계론 강좌에 참석한 한 참여자의 사례를 들면서 논쟁의 무의미함을 뒷받침합니다. 사례로 든 참여자는 트럭을 파는 영업사원이었습니다. 하지만 늘 몇 대 팔지도 못했다고 합니다. 데일 카네기는 그에게 몇 가지 질문을 던지면서 그가 트럭을 사러 온 손님과 끊임없이 대립하고 싸우는 말투에 익숙해 있음을 발견합니다.

데일 카네기가 묻습니다. "당신 회사의 트럭을 사러 온 손님이 그 트럭의 나쁜 점을 이야기하면 어떻게 대응하겠습니까?" 그 영업사원은 즉시 이렇게 말했습니다. "제가 팔려는 트럭의 나쁜 점을 이야기하는 손님이요? 논쟁을 벌여서라도 손님이 말하는 것의 잘못된 점을 바로잡아야 하죠. 그렇게 말하다 보면 저도 모르게 화를 내고, 심하면 멱살을 잡고…."

데일 카네기가 이 영업사원에게 준 문제 해결의 방법은 무엇이었을까요? **"내가 가장 먼저 해결해야 할 것은 그에게 말하는 법을 가르치는 것이 아니었다. 당장 해야 할 건 그에게 말을 삼가고 언쟁을 피하도록 훈련을 시키는 일이었다."**

언쟁이나 논쟁에 즐거움을 느끼고 있는 사람, 이 영업사원과 같은 사람이 혹시 당신은 아닌가요? 데일 카네기의 가르침을 통해 다음의 두 가지를 실천해 보세요.

첫째, 말을 삼간다.

둘째, 언쟁을 피한다.

참고로 데일 카네기가 훈련을 시킨 영업사원은 곧 뉴욕의 큰 자동차 회사에서 최고의 영업사원으로 거듭났다고 합니다. 그는 어떻게 말했을까요? 어떻게 고객과 인간관계를 잘 맺으면서 원하는 성과를 얻어낼 수 있었을까요? 잘나가는 영업사원으로 변한 그의 말을 들어보겠습니다. "고객이 '뭐요? 당신네 트럭이요? 필요 없소. 거저 줘도 나는 싫소. 나는 당신네 트럭이 아닌 A 회사 트럭을 사겠소'라고 말할 때 저는 이제 이렇게 말합니다. '맞습니다. A 회사 트럭도 훌륭합니다. 그 트럭을 구매하신다면 올바른 판단을 하신 겁니다. A 회사는 기술력도 좋고, 영업사원도 뛰어납니다.'"

이렇게 말하면 상대방은? 그렇습니다. 할 말이 없습니다. 언쟁이나 논쟁의 여지가 없으니까요. "A 회사 트럭이 최고야!"라는 사람 앞에서 "맞아요, A 회사 트럭이 최고죠!"라고 말하는 건 생각보다 어색한 일이니까요. 오히려 "음, 그런데 A 회사 트럭에도 문제가 있긴 한데…"라고 말할 수밖에 없습니다. 어쩌면 이 영업사원이 다니는 회사를 인정하는 말을 시작할지도 모릅니다. "사실 당신네 트럭이 가성비가 뛰어나다고 말을 듣기는 했는데⋯."

이제 논쟁과 이별할 수 있을까요? 데일 카네기는 링컨의 사례를 하나 더 듭니다. 링컨이 한 젊은 장교를 꾸짖은 적이 있는데 그 장교가 동료들과 지나칠 정도로 언쟁하는 걸 보고 나서였답니다. 링컨은 사사로운 논쟁 따위에 시간을 허비하는 사람은 스스로 최선을 다하는 사람이 아니라고 정의를 내립니다. 대단한 정당성이 없을 때는 웬만하면 상대에게 양보하라고 말하면서 그 젊은 장교에게 이렇게 말했답니다. "개와 싸움을 하다가 개에게 물리는 것보다는 개에게 길을 비켜주는 편이 더 낫지 않겠나? 설령 자네가 그 개를 죽인다고 해도 이미 개에게 물린 상처는 아물지는 않을 테니까 말일세."

절대 논쟁하지 마세요. 그러면 평화가 찾아옵니다. 논쟁이라고 하니 대단한 것만 말하는 것 같습니다만 데일 카네기는 가정에서의 부부관계 등 일상적인 관계에서도 논쟁, 아니 말다툼을 피하라고 권합니다. 한 오페라 가수가 전해준 50년 결혼 생활의 지혜를 인용하면서요. "집사람과 나는 오래전에 조약 하나를 맺었습니다. 그리고 지금까지 이 조약만큼은 지키려 합니다. 그 조약은 '한 사람이 소리를 지르면 다른 한 사람은 무조건 잠자코 듣기로 한다'

입니다. 왜냐하면 두 사람 모두 고함을 지르면 대화는 없어지고 남는 건 결국 싸움과 분노뿐일 테니까요."

지금 사랑하는 누군가와 어떤 조약을 맺어보시겠습니까?

셰익스피어와 같은 책을 쓸 수 없을지는 몰라도, 나는 나의 책을 쓸 수는 있다.

•

"그대 만일 저 언덕의 소나무가 되지 못할진대,
산골짜기의 잡목이 되어라.
다만 여울가에서 가장 아름다운 나무가 되어라.

나무가 아니거든 덩굴이 되어라.
덩굴이 아니겠거든 작은 풀이 되어라.
그래서 길가를 아름답게 만들어라.

성공과 실패는 크기에 달린 것이 아니니,
무엇이 되든 가장 좋은 것이 되어라."

_____

_____

_____

DALE CARNEGIE ESSENCE

KI신서 11810

인생의 오후에는
적보다 친구가 필요하다

1판 1쇄 인쇄 2024년 3월 18일
1판 1쇄 발행 2024년 3월 27일

지은이 김범준
펴낸이 김영곤
펴낸곳 ㈜북이십일 21세기북스

인생명강팀장 윤서진　**인생명강팀** 최은아 강혜지 황보주향 심세미 김대현
디자인 장마
출판마케팅영업본부장 한충희
마케팅2팀 나은경 정유진 백다희 이민재
출판영업팀 최명열 김다운 김도연 권채영
제작팀 이영민 권경민

출판등록 2000년 5월 6일 제1406-2003-061호
주소 (10881) 경기도 파주시 회동길 201 (문발동)
대표전화 031-955-2100 **팩스** 031-955-2151 **이메일** book21@book21.co.kr

(주)북이십일 경계를 허무는 콘텐츠 리더

21세기북스 채널에서 도서 정보와 다양한 영상자료, 이벤트를 만나세요!
페이스북 facebook.com/jiinpill21　포스트 post.naver.com/21c_editors
인스타그램 instagram.com/jiinpill21　홈페이지 www.book21.com
유튜브 youtube.com/book21pub

서울대 가지 않아도 들을 수 있는 명강의! 〈서가명강〉
'서가명강'에서는 〈서가명강〉과 〈인생명강〉을 함께 만날 수 있습니다.
유튜브, 네이버, 팟캐스트에서 '서가명강'을 검색해보세요!

ⓒ 김범준, 2024
ISBN 979-11-7117-498-0 03320